天地境界
宇宙情怀

戴文赛先生纪念文集

胡佛兴 李宗云 主编

南京大学出版社

图书在版编目（CIP）数据

天地境界·宇宙情怀：戴文赛先生纪念文集/胡佛兴，李宗云主编．――南京：南京大学出版社，2021.12（2023.2重印）

ISBN 978-7-305-24966-2

Ⅰ．①天… Ⅱ．①胡…②李… Ⅲ．①戴文赛－纪念文集 Ⅳ．①K826.14-53

中国版本图书馆 CIP 数据核字（2021）第 236828 号

出版发行	南京大学出版社		
社　　址	南京市汉口路22号	邮　编	210093
出 版 人	金鑫荣		

书　　名	天地境界·宇宙情怀：戴文赛先生纪念文集		
主　　编	胡佛兴　李宗云		
责任编辑	王南雁	编辑热线	025-83595840

照　　排　南京新华丰制版有限公司
印　　刷　南京凯德印刷有限公司
开　　本　787×1092　1/16　印张 15　字数 212千
版　　次　2021年12月第1版　2023年2月第2次印刷
ISBN 978-7-305-24966-2
定　　价　88.00元

网址：http://www.njupco.com
官方微博：http://weibo.com/njupco
官方微信号：njupress
销售咨询热线：（025）83594756

* 版权所有，侵权必究
* 凡购买南大版图书，如有印装质量问题，请与所购图书销售部门联系调换

我们应当在人类认识宇宙的史册上，
留下我们这一代奋勇攀登的足迹。

——戴文赛

《戴文赛先生纪念文集》编委会

主　编　胡佛兴　李宗云

编　委（按姓氏汉语拼音排序）

程福臻　何香涛　胡佛兴

黄克谅　黄佑然　李宗云

刘　炎　萧耐园　张明昌

作者名单（按文章先后排序）

曲钦岳	方　成	李宗伟	吴鑫基	程福臻
王绶琯	章振大	黄佑然	李　竞	刘　炎
许邦信	黄润乾	钱幼基	苏寿祁	苏定强
刘彩品	孙义燧	何香涛	刘汝良	张明昌
范一新	彭秋和	胡中为	黄克谅	许敖敖
漆贯荣	李宗云	吴连大	赵　铭	胡佛兴
郑学塘	厉国青	唐玉华	崔连竖	卞毓麟
韩星臣	戴莹珊			

序 一

曲钦岳

光阴荏苒，流年似水，不知不觉之间，戴文赛先生离开我们 11 年了。这本纪念戴文赛先生的文集终于编就出版，聊寄我们对先生的缅怀之情。一卷在手，先生的音容笑貌，历历在目，先生的学问人品，更是光彩照人。

戴文赛先生是福建省龙溪县（今漳州市）人，1911 年 12 月 19 日生。1932 年毕业于福州协和大学数理系，曾先后执教于协和大学、岭南大学和燕京大学。1937 年 8 月赴英国剑桥大学，受业于著名天文学家 A.S. 爱丁顿教授，1940 年获剑桥大学博士学位。回国后历任中央研究院天文研究所研究员，燕京大学教授。新中国成立后，先后任北京大学教授，南京大学教授、天文系主任，国家科委天文学科组副组长，中国天文学会第一、第二、第三届理事会副理事长。1978 年 12 月被接纳为中国共产党党员，1979 年 4 月 30 日因患癌症而溘然长逝。

戴文赛先生毕生致力于天文事业，是我国现代天体物理学、天文哲学和现代天文教育的开创者、奠基者之一。20 世纪 30 年代末他从事恒星光谱研究，建树颇多。自 20 世纪 50 年代始，他将探索重点转向太阳系起源研究，1975 年起先后取得一系列重大成果，其中《天体的演化》《太阳系演化学（上册）》等论著的出版、发表，引起国内外天文界的广泛重视。美国国家科学院院

此篇序言为南京大学原校长、中国科学院院士曲钦岳于 1990 年所作，亦为纪念戴文赛先生 100 周年诞辰大会上的书面致辞。

士 E. 安德斯、英国皇家天文学会的 M.M. 乌尔夫逊、法国天文学家 E. 沙兹曼等都予以高度评价。戴文赛先生在哲学方面也有很高的造诣，他所提出的"宇观"概念和"吸引与排斥是天体演化的基本矛盾"等观点，为天文哲学宝库增添了珍贵的财富。

戴文赛先生对我国现代天文教育的建立与发展所做出的贡献，是众所周知的。1954 年夏他来南京大学担任天文系主任，至 1979 年因病去世，25 年中筚路蓝缕，兢兢业业，为探索我国天文教育的模式，为天文课程的设置和教材的编写，为天文人才的培养耗尽了心血。25 载春风桃李，他的学生遍布我国所有的天文机构，其中许多人已成为学术带头人和业务骨干。

在一般人的心目中，天文学是一门既深奥又令人神往的学科。为了揭开天文学的神秘面纱，使广大群众，特别是广大青少年了解与掌握天文学知识，戴文赛先生热心于天文普及工作，勤于笔耕，先后撰写了科普著作 10 本和科普文章 70 余篇。这些科普作品深入浅出，且文笔隽秀，颇受读者欢迎。

戴文赛先生对我国天文事业的贡献殊多，为人称道。先生的抱负、胸襟、气度、精神，也都堪称楷模，可以垂范于世，激励后人。

戴文赛先生早年负笈剑桥，因品学兼优而深得导师喜爱。获博士学位后，导师曾再三留他在剑桥工作，先生婉言谢绝了。1941 年他绕道北美，历时三月，回到正是战火弥漫、灾难深重的祖国。1949 年全国解放前夕，他毅然拒绝去香港的邀请，留下来为新中国的天文研究和教育事业服务。他曾经满怀深情地说："到过了外国，你就会更加热爱自己的祖国，就更要使自己的工作达到或超过世界先进水平。"先生的这种赤诚爱国之心和殷殷报国之情，是老一辈知识分子留给我们的最宝贵的精神财富。

戴文赛先生献身科学、死而后已的精神，同样感人至深。"文革"期间，先生的教学与科研曾一度被迫中断，1972 年他获得重新工作的权利后，不仅率先投入基础理论研究，而且甘冒可能再次被批斗的风险，组织中青年教师、学者开展基础理论研究，亲自主持了中国第一个天体物理研讨班，在天文学界产生重大而深远的影响。1977年后，他身患绝症，住院治疗。经历连续几次手术、化疗后，在身体十分虚弱的情况下，先生仍然为我国"天文发展八年规划"的制订出谋划策，并审定了30余万字的专著《太阳系演化（上册）》，完成了《天体的演化》的再版修订工作。为了天文科学的发展，先生确确实实做到了殚精而竭虑，九死犹未悔！

戴文赛先生是学有所成、知名度颇高的学者和专家，可是他从无骄矜之色和凌人之气，对年轻教师，甚至低年级学生，他都有问必答，诲人不倦。尤其可贵的是，他从不要求年轻人唯其马首是瞻，跟在自己后面亦步亦趋；相反，他总是鼓励支持青年学者勇于开拓新的领域，攀登新的高峰。除了循循善诱、奖掖后进之外，先生还学而不厌，不耻下问。他曾和本系学生同坐一室听课，钻研理论物理。在研究小行星形成过程及其机制时，他曾多次向数学系教师和本系教师坦然求教新的计算方法。先生之所以在生命的晚期仍然充满学术的活力，能够取得重大研究成果，是同他不以名人自矜自骄、不为名气所累而勇于学习分不开的。先生这种既诲人不倦又不耻下问的气度、风范，同样值得我们师法。

哲人已逝，精神长存，高山仰止，景行行止。戴文赛先生的道德风范，时时激励着我们为社会主义现代化事业，为人类社会的全面进步而奋斗不息。在我们出版这本文集并纪念先生逝世11周年之际，我们看到，在先生呕心沥血几十春秋的天文科学研究和天文教育领域，今天已是新人辈出、硕果累累了。先生九泉有知，也会欣然回眸，莞尔一笑吧！

1990年3月12日于南大北园

序 二

方 成

　　戴文赛先生，1911年12月19日生于福建龙溪（今漳州市），1979年4月30日卒于南京。1932年毕业于福州协和大学数理系，先后执教于协和大学、岭南大学和燕京大学。1937年留学英国，1940年获剑桥大学博士学位。1941年回国，任中央研究院天文研究所研究员、燕京大学数学系教授。新中国成立以后，历任北京大学教授，南京大学教授、天文系主任，国家科委天文学科组副组长，中国天文学会第一、第二、第三届理事会副理事长。戴先生毕生致力于科学研究、天文教学和科普工作，为中国的天文事业做出了重要贡献，是我国现代天体物理学、天文哲学和现代天文教育的开创者、奠基人之一。

　　戴先生心怀祖国、情系天文。在留学期间就已表现出卓越的才能，曾获得剑桥大学1939年的天文学奖金。取得博士学位后，爱丁顿教授热情挽留他继续在剑桥工作，但他婉言谢绝了，渴望用学到的知识为祖国服务。他深知正在遭受日本军国主义蹂躏的中国不可能提供剑桥那样的工作条件，但他毅然回来了。实际遭遇比他预想的更糟，根本无法进行真正的研究工作，直到新中国成立后，才逐渐获得施展才华的机会。

　　戴先生早期的科研主要集中在恒星光谱方面，他的博士论文《特殊恒星

此篇序言为中国科学院院士方成在纪念戴文赛先生100周年诞辰大会上所做的致辞。

光谱的光度分析研究》，在当时尚属开创性的工作。他在英国皇家天文学会会刊发表的4篇恒星光谱论文，20多年后还经常被引用。1951年戴先生开始关注天体的演化，并把建立天体演化领域的中国学派作为终生奋斗目标。1975年起先后取得了一系列重大成果，出版了《天体的演化》《太阳系演化学（上册）》等著作。他提出的太阳系起源的新星云说引起了国内外天文界的广泛重视，美国科学院院士E.安德斯、英国皇家天文学会的M.M.乌尔夫逊、法国天文学家E.沙兹曼等都予以高度评价。先生在哲学方面也有很高的造诣，他提出的"宇观"概念和"吸引和排斥是天体演化的基本矛盾"等观念极大地丰富了天文学的哲学内涵。

戴先生忠诚于天文教育事业。1954年来南京大学以后，努力探索符合当时中国国情的天文教育模式，组织制定了一整套课程设置和教学计划，翻译和编写了一系列教材，形成了完整的教学体系，不仅为南大天文系，也为中国天文教育事业打下了良好基础。他身体力行、不辞辛劳、兢兢业业，为培养天文人才耗尽了心血，他的学生遍布中国天文机构，其中包括许多业务骨干、中科院院士和党政领导干部。

除了科研和教学以外，先生还热心于天文科普工作，撰写了80多万字的科普著作和文章，把深奥的天文知识传播给广大群众。他热情答复和接待天文爱好者的来信、来访，甚至招待吃饭、资助路费。有些天文爱好者就是在他的热情关怀下走上天文工作岗位的。正如一首献给他的诗中所写的："他是人民的天文学家。"

"文革"期间，先生受到冲击，科研和教学工作一度被迫中断，但他对党的感情和对天文事业的热爱没有任何改变。1978年12月他光荣地加入了中国共产党。1972年获得重新工作的权利后，他不仅自己迫不及待地投入了研究工作，努力把失去的时间抢回来，还冒着可能再次被批斗的风险，主持了中国第一个天体物理研讨班，组织中青年教师、学者开展基础理论研究，对中国天文事业的恢复和发展产生了极大的推动作用。

戴先生献身科学、死而后已的精神感人至深。1977年以后，先生身患绝症，经过几次手术、化疗，身体极度虚弱，仍坚持工作。在病房里他阅读文献、安排讨论、修改论文、审定专著。直到逝世，还有很多安排没有完成。

在纪念先生100周年诞辰的时候，我们回顾他的心路历程和光辉业绩，更加深切地感到先生心怀大志、报效祖国的爱国情怀，献身科学死而后已的精神，身先士卒、诲人不倦的风范，锲而不舍、严密谨慎的治学态度，宽厚、包容的胸襟和气度……这是留给我们的宝贵财富，值得我们永远学习、代代相传、发扬光大，鼓舞我们为繁荣祖国的天文事业做出更大贡献。

前　言

　　戴文赛先生离我们远去已经42年。2021年，迎来了先生110周年诞辰的纪念。本文集是大家对先生满怀深情的、集体的缅怀。南京大学天文与空间科学学院和天文界其他单位的前辈、老师、校友，还有先生的后人，一起提供了很多珍藏的照片和宝贵的资料，其中许多照片和资料是第一次面世。

　　一篇篇学者对先生的追忆，捧出的是一颗颗对先生灼热的敬仰爱戴之心。特别的，当看到那千里、万里之外87岁、92岁的前辈一次次海外来鸿；当听到重病在身的94岁李竞先生从北京医院病床上传来的口述录音；当知晓88岁双目失明的钱幼基先生深情回忆和先生一起的难忘岁月，95岁的前辈遇到同样的写作困境，而87岁的先生却不顾高龄带病之身，坚持为他们两位代笔成文，并为文集的发起、筹划自始至终地忙碌、操心……人们无不为之动容。

　　文集的作者们，从南京大学天文系建系时最年长的前辈到1966届的毕业生，再加上其他天文单位的同行等，共计37人。本书37位作者，多数已经年逾八秩，甚至九秩。他们的文章和他们提供的照片与资料，都是前辈留给后人的先生的光彩形象，是弥足珍贵的世纪绝唱。

　　　　　　高山仰止　景行行止

让垂范留下印记，愿激励长驻心头。

胡佛兴

2021年3月8日

戴文赛

戴文赛教授（1911—1979）
（照片来源：戴先生夫人刘圣梅先生）

中国现代天体物理学、天文哲学和现代天文教育的开创者与奠基人之一。南京大学数学天文学系副系主任（1954—1961），南京大学天文系主任（1962—1979）。

戴文赛先生铜像揭幕于2002年5月19日，南京大学鼓楼校区天文楼。铜像现已搬迁到南京大学仙林校区，天文与空间科学学院，天文楼二楼。

戴文赛先生塑像（摄影：吴婧）
图中文字：
  戴文赛教授
  1911年—1979年
    曲钦岳题
    吴为山塑
  二〇〇一年十二月
  南京大学天文系 立

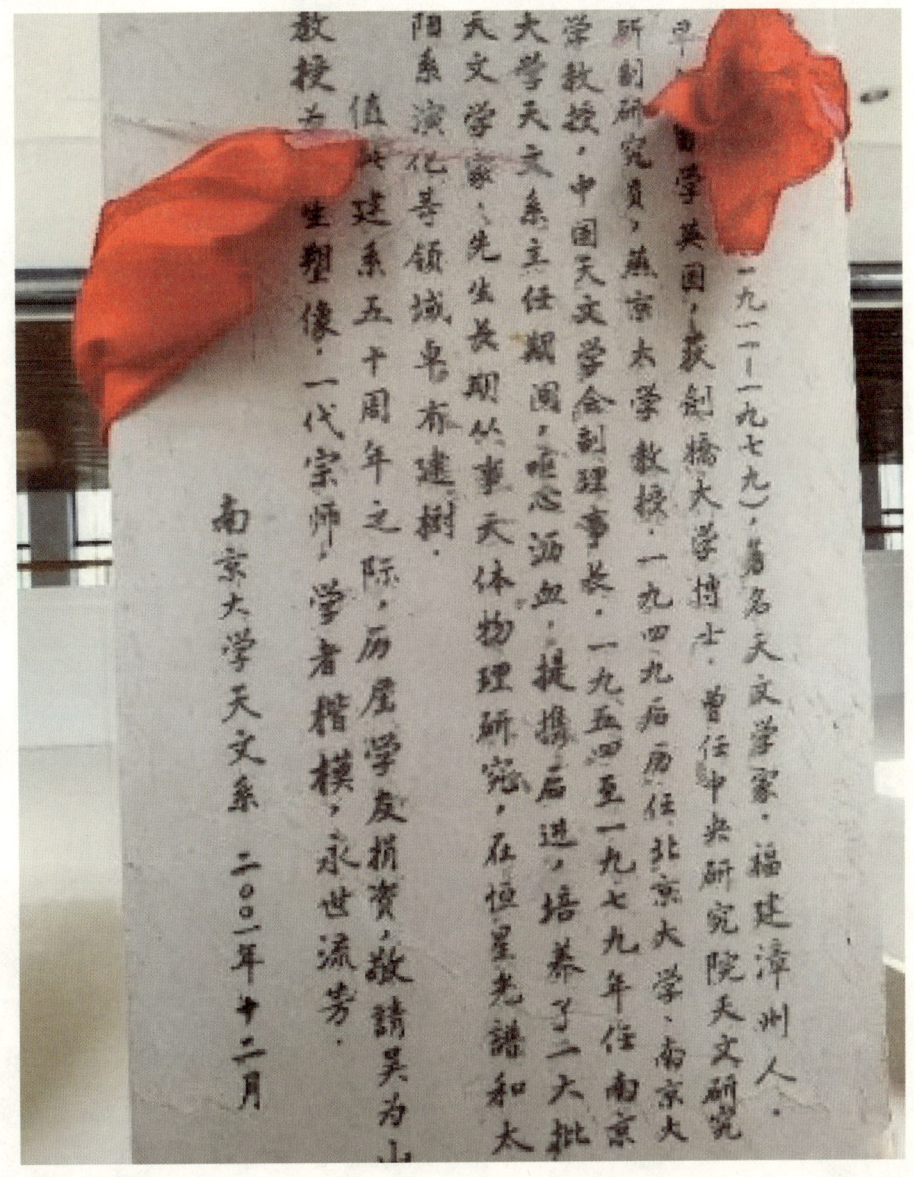

戴文赛先生塑像（背面）

图中文字：

　　戴文赛先生（一九一一 — 一九七九），著名天文学家，福建漳州人。早年留学英国，获剑桥大学博士。曾任中央研究院天文研究所副研究员，燕京大学教授。一九四九后，历任北京大学、南京大学教授，中国天文学会副理事长。一九五四至一九七九年任南京大学天文系主任期间，呕心沥血，提携后进，培养了一大批天文学家。先生长期从事天体物理研究，在恒星光谱和太阳系演化等领域，卓有建树。

　　值此建系五十周年之际，历届学友捐资，敬请吴为山教授为先生塑像。一代宗师，学者楷模，永世流芳。

　　　　　　　　　　　　　　　　　　　南京大学天文系　二〇〇一年十二月

— ix

目 录

1　戴先生关爱北师大天文系｜李宗伟　001

2　追记戴先生在北京大学的天文实践｜吴鑫基　003

3　科大人与戴先生的情缘｜程福臻　008

4　聚散匆匆怀戴公｜王绶琯　010

5　难忘戴文赛老师——我的入门引路人｜章振大　黄佑然　017

6　戴文赛先生和《天文学名词》｜李竞　刘炎　021

7　戴文赛教授：规范现代天文学汉语名词的先驱者｜李竞　025

8　戴先生在审定天文学名词方面的贡献｜许邦信　031

9　怀念戴文赛先生对我的教育和影响｜黄润乾　033

10　怀念为戴文赛先生工作的岁月｜钱幼基　黄佑然　035

11　虽说是历史，却好似是昨天！｜苏寿祁　黄佑然　037

12　戴先生对青年教师和学生的培养与关怀｜苏定强　042

13　谢谢您，戴先生！｜刘彩品　046

14　缅怀戴先生｜孙义燧　049

15　真正的Gentleman——缅怀戴文赛教授｜何香涛　050

16　凝聚中心｜刘汝良　张明昌　053

17	怀念戴文赛先生	范一新　055
18	戴文赛先生与太阳塔	方成　058
19	"真正最了解的是你自己"	彭秋和　061
20	仰望星空，探索宇宙奥秘	胡中为　064
21	先师风范——深切缅怀恩师戴文赛先生	黄克谅　072
22	名师出高徒	许敖敖　076
23	高山仰止，仪范长存——缅怀戴文赛先生	漆贯荣　081
24	追忆恩师戴文赛先生	李宗云　083
25	缅怀恩师戴文赛	张明昌　085
26	怀念戴先生	吴连大　089
27	听戴先生讲星空	赵铭　092
28	戴文赛先生与天体物理丛书	胡佛兴　094
29	九九重阳忆先生	
	——回忆我们的天文导师戴先生	胡佛兴　刘汝良　101
30	怀念恩师戴文赛先生	郑学塘　109
31	亲切指导 师恩难忘	厉国青　115
32	为天文系的发展呕心沥血	
	——怀念戴文赛先生	唐玉华　崔连竖　117
33	戴文赛先生和宇观概念	卞毓麟　121
34	做人如水，做事如山	
	——深切缅怀戴文赛老师	卞毓麟　128

35 戴文赛先生实际主持编集审定的

几本《天文学名词》｜刘炎　139

36 纪念恩师戴文赛先生诞辰一百一十周年题词｜韩星臣　144

37 一代宗师，学者楷模，永世流芳

——缅怀戴文赛先生｜胡佛兴　145

38 昨夜星辰昨夜风｜戴莹珊　187

戴文赛先生大事年表｜张明昌　195

参考资料　201

附录一　文章、照片与手迹　203

附录二　问天　天路漫漫——来自太空的启示｜胡佛兴　220

后记　222

01 | 戴先生关爱北师大天文系

李宗伟 | 北京师范大学天文系

1960年2月，教育部批准北京师范大学设立天文学系。刚成立时由副系主任冯克嘉先生主持工作，他提出建系应抓"三才"（人才、教材和器材）。新成立的天文系面临许多困难，此时南京大学天文系主任戴文赛先生非常关心北师大天文系的建设，他尽力帮助新成立的北师大天文系。

一、帮助建立教学计划和教学大纲。1961年暑假北师大天文系派教师到南京大学天文系学习办系的经验，学习如何制定教学计划和教学大纲，戴先生和易照华先生、卢央先生非常耐心和细致地介绍办系的经验并提出建议。

二、帮助培养年轻教师。从1962年开始先后接纳好几批北师大天文系的年轻教师到南大天文系进修和学习，为新生的天文系尽快培养师资队伍，解决燃眉之急；同时将南大天文系的有关教材赠送给北师大天文系使用。

三、戴先生将他在英国留学时订的好几年的 MN 杂志赠送给刚建立的北师大天文系。他说："你们刚成立系，很需要参考国外资料，这些杂志又不好补订，送给你们会大有用处。"戴先生始终将北师大天文系看作可爱的小弟弟，格外关心和爱护。

1979年戴先生逝世后，他的夫人刘圣梅老师将戴先生的所有藏书全部捐给北师大天文系，并列了详细的目录。我于1960年从北师大物理系毕业后分配到新成立的天文系做教师，在天文学上可以说是"一穷二白"。1963年，我到南大天文系进修天体物理，戴先生亲自做我的指导老师，安排进修计划。戴先生几乎每周都要求我到他的家给予指导和帮助，我深深感到戴先生治学严谨、知识渊博。他像慈父一样的谆谆教导和关爱，我终生难忘。

02 | 追记戴先生在北京大学的天文实践

吴鑫基 | 北京大学

戴文赛教授不仅是我国现代天文学科开创者之一,也对我国现代天文教育做出了杰出的贡献。我们北大的天文同行对戴文赛教授非常敬佩和仰慕。特别是戴文赛教授曾经在北大任教,曾经为创建北大的天文学科努力奋斗,多了一份校友和师长的情谊,对这位北大天文学科的前辈更是崇敬和亲切。

北京大学与天文学的关系源远流长。20世纪20年代,蔡元培任北大校长时曾考虑建天文系。据北大前校长丁石孙回忆说,北京大学数学系之历史渊源可追溯到京师大学堂同文馆中的天文算学馆,天文算学馆之数学课程主要有数理启蒙、代数学、几何原理、平三角、弧三角、微分积分、航海测算、天文测量等。北大于1917年年底成立数学教授会,秦汾当选为首届主任。从1913年到1930年的十几年间,北京大学数学系形成了较为完备的教学体系,新增了天文学。秦汾主任成为我国天文界极其活跃的人物。1922年中国天文学会在北京成立,秦汾教授出任第一届副会长,第四、第五届会长。蔡元培校长出任第二、第三、第六和第七届会长。早期评议会会员中一半以上为北大教员，他们都想在北大创建天文学科，一直未能如愿。

戴文赛先生留学英国，于1940年获剑桥大学天文学博士学位，1941年回国，曾在中央研究院天文研究所工作，后来转到燕京大学数学系任职。1952年我国进行院系调整，燕京大学的文科、理科大部分并入北京大学。北大随即成立了数学力学系，戴文赛也就成为北大数力系的教授，成为北大天文学科的学术带头人。同年，南京大学成立数学天文系，教育部把中山大学天文系和齐鲁大学天算系的师生、设备和图书等全部搬迁到南京大学，为此数学系改名为数学天文系。

与南大相比，北大的天文学科势单力薄，但是在天体物理学方面却有优势，戴文赛教授在国内更是首屈一指的天体物理学家。1954年，南大向教育部提出申请，要求调北大戴文赛教授到南京大学任教，获得批准。戴文赛先生也就去了南大，很快就成为天文系主任，成为发展我国现代天体物理学的重要开拓者和奠基者之一。

戴文赛教授在燕京大学期间的天文学术活动相当丰富。席泽宗院士回忆说："戴文赛在燕京大学期间，我们就有很多亲密接触。记得，1951年9月初，我到燕京大学拜访戴先生，整整谈了一天。戴先生把他要在清华大学举办天文讨论班的计划告诉我，每两周一次，时间在星期六下午，邀请我参加。记得参加讨论班的有叶式辉、杨海寿、沈良照等清华大学的学生，校外的有我和陈彪。戴先生和杨海寿还介绍我参加了他们的学会。"当时清华大学的"大众天文社"是一个由学生组织的社团，很有名气，那时的社长是物理系学生杨海寿。

席泽宗院士是我国天文学史研究的权威学者，他回忆说，他研究天文学史曾得到戴先生的支持、鼓励和帮助。那时，竺可桢先生让他收集中国历史上的新星和超新星资料，准备进行研究。戴先生特别支持研究这个课题，热情地把他介绍给北大东语系金克木教授。金教授是我国著名的翻译家，对天文学史也有涉猎，翻译过美国天文学家纽康的《通俗天文学》。金教授告诉他，研究中国天文学史比搞翻译难得多,那可是个无底洞,一辈子也做不完。席院士感叹地说:"金教授的告诫帮助我树立一辈子研究中国天文学史的决心。"

戴文赛先生1952年在北大任教以后,进行天文课程的建设,开设普通天文课程;招收我国首位天文学科的研究生;开展恒星与星系物理的科学研究;积极推动天文知识的普及教育;促进北京天文学会的成立,组织天文学术活动。一时间北大成为了北京的天文中心。在北大仅仅2年,戴先生成绩斐然,硕果累累。

他是按照创建天文学科的要求开展工作的,几乎是从零开始,困难很大。首先是课程和师资队伍的建设。当时综合大学的数学、气象、地理等专业都安排有四学时的普通天文学课程。戴先生的研究生易照华回忆说:"当时有三班普通天文学课程,戴先生亲自讲授,我担任辅导。有一个学期戴先生参加抗美援朝慰问团,讲课和辅导全由我一人负责,结果累病了。戴文赛刚从慰问团回来,就将讲授和辅导的工作接了过去。"

戴先生亲自授课,并翻译出版了苏联的《普通天文学教程》。在极度繁忙之际,他想起他认识的清华大学天文爱好者杨海寿。这位昔日清华大学"大众天文社"社长已经自学天文成才,开始在北京理工大学任教,崭露头角。戴文赛请求学校领导商调杨海寿老师,如愿以偿将杨海寿调到了北大。杨海寿成为戴文赛的同事、助手与合作者,不仅分担了天文课的讲授任务,还开始研究太阳物理,并与易照华合作翻译出版了苏联的《球面天文学教程》。

说起戴文赛先生招收研究生还有个故事。当时的北大天文科普活动很活跃,参加天文小组的主要是物理系学生和少部分数力系学生,北大著名教授王竹溪、叶企孙、周培源、戴文赛都成为天文社的顾问,使其活动具有比较高的学术水准。他们经常在校内举办天文科普报告,还派人到中学去做报告。易照华原是四川大学数学系的学生,1950年转学来到北大数学系。他一到北大就被学生的天文社团组织的活动吸引,爱上了天文学,成为天文社的积极分子,还曾到校外做过几十次科普报告,组织能力也强,曾是天文社的负责人。戴文赛教授对学生的天文科普活动极为关心，当然也熟悉其中的积极分子。戴先生经过多个方面的考察，相中了易照华，主动谈话要收他作研究生。易照华顿感幸福从天而降，求之不得，满口答应。就这样，易照华成为我国天文界第一位天文学研究生。

戴文赛先生是著名天体物理学专家，当然希望易照华研究天体物理学。易照华感到，自己在数学系数学学得多，但物理基础差，最好是研究天体力学，发挥数学的特长。戴先生感到学生的想法有道理，于是就改为天体力学方向。戴先生知识渊博，指导天体力学课题也不成问题，但他还是介绍易照华向更了解天体力学的北大物理系王竹溪教授和紫金山天文台台长张钰哲当面请教，得到他们额外的指导。易照华毕业后分配到南大天文系，为我国天体力学学科的发展奋斗终生，成为中国现代天体力学和历书天文学创始人之一。

戴先生在北京天文界享有很高的威信，也有很好的人缘。1952年，在他的推动下，北京天文学会在北大北阁成立，大家一致推举他为首届理事长，为北京天文学的发展做出贡献。

戴先生在北大数力系的两年，成绩卓著，按此进度发展，要不了多久就能有一个完整的天文教研室和天文专业，这是从北大老校长蔡元培开始，多届学校领导和知名教授的期望。但是1954年的一纸调令，随着戴文赛教授的调离，北大建立天文学科的事就渐行渐远了。当然，全国一盘棋，戴文赛调到南大对发展中国天文教育事业有利，北大是支持的。

1958年北京天文台筹备处成立，机缘巧合，1959年年初北京大学地球物理系成立。此时，北京天文台党委书记肖光甲和两位著名学者程茂兰、王绶琯一起向北大提出建议，希望北大地球物理系设立天体物理专业。这个建议迅速得到北大各层领导和地球物理系领导的正面回应，没有任何拖泥带水的讨论就答应了。因为这个建议正符合北大校、系领导和著名学者的愿望，曾经寄托给北大数力系的愿望，现在由地球物理系接力完成。

地球物理系成立当年就开始筹建天文专业。苏士文主任领衔，党总支副书记丁民仆具体负责师资的遴选和配备。他专程出差到南京大学天文系，当然是请求支持，得到热情的接待。南大天文系也是有准备的，当时就谈定调孙凯老师支援北大，把应届毕业生彭秋和分配给北大。还同意北大派年轻教员去南大天文系进修，后来北大派周道祺老师来南大天文系进修了一年。曾经是戴文赛教授助手的杨海寿老师在数力系除了讲授理论力学外，一直坚持普通天文的教学和天文学研究。丁民仆首先想的是他，杨海寿老师很快就成为天文专业的教员。随着孙凯老师和应届毕业生彭秋和的到来，这三位老师立马为天文专业已是大五的学生开出教学计划所规定的多门天文学课程。刚毕业的彭秋和勇敢地走上了讲台，面对与他同年上大学的学生，担起了传授天文学知识的老师角色。

天文专业几乎清一色的年轻教员接过戴文赛教授在北大创建天文学科的接力棒，把天文专业办了起来，虽经风雨却越办越好。我作为当时建立天文专业的第一批教员，回想往事，仿佛看见蔡元培和秦汾在主持中国天文学会的年会，似乎坐在北大数力系的教室里聆听戴文赛教授讲授天文课；肖光甲、程茂兰和王绶琯建议北大成立天文专业的呼吁还在耳边回响；北大天文专业同仁60年风雨兼程奋斗的情境还历历在目。我亲眼看到中国天文学在向前迈进，赶超世界最高水平天文项目继踵而至，我感到无比的幸福。在纪念戴文赛教授110周年诞辰之际，也一同怀念和感谢为中国现代天文学做出杰出贡献的老一辈天文学家们。

03 | 科大人与戴先生的情缘

程福臻 | 中国科学技术大学

提起戴文赛先生,我们中国科学技术大学天体物理中心老一辈成员总是满怀感激、尊敬之情!现写下几点回忆,以表缅怀之情!

心怀中国天文学发展,热诚支持新生力量成长

1973年年初,中国科学技术大学的"相对论天体物理组"成立。成立后的第一件事,是由周又元、程福臻、褚耀泉等前往南京,拜会南京大学天文系主任——戴文赛先生。先生在家里热情接待了我们,说明了来意后,先生便侃侃而谈,记得的要点是:"当今天文学发展的重点是天体物理,你们抓住的方向很正确,南大在'文化大革命'前夕已在筹办这个方向,我们应该尽快填补这个空白,你们走到了我们的前面,很好!"随后,我们向先生诉说了我们的主要困难。由于科大原来没有天文方向,天文专业杂志、书籍奇缺。先生一听,满口答应:"你们可以到我们天文系图书馆来查阅,我来帮你们与管理员沟通。"

此后，我们便成为南大天文系图书馆的常客，管理员把我们当自家人，给予我们热情接待。我们早期的许多研究工作都得益于戴先生与南大天文系图书馆的大力支持。

1975年上半年，戴先生发起、组织了"南片天体物理讨论会"，第一次会议在南京江苏饭店举办。参加者来自南京大学、紫金山天文台、复旦大学、上海天文台、中国科学技术大学。会上，在戴先生的主持下我们做了"现代宇宙学评论"的报告；同年又发表了文章《河外天体红移是可以认识的》。

第二次南片会是1976年7月26日报到，在合肥市"国际党校"举行的。戴先生在第一天会议上做了题为《关于总星系的膨胀》的报告（对该问题用大量资料进行分析，提出了看法，但后来没有发表）。当年，不能讲"宇宙学"，不能讲"宇宙膨胀"，所以用了"总星系"这个名词。

1976年10月，"四人帮"垮台后，"科学的春天"来临，我们得以全身心地投入到科研工作之中。1977年在南京大学，在戴先生的倡导下，开展了第三次南片天体物理大型活动，为了推动国内天体物理学的发展举办了"相对论讲习班"（班长，程福臻；副班长，龚树模），戴文赛先生等上百位来自全国各地的教师及研究员来讲习班听课。戴文赛先生从始至终参加听讲，表现了先生治学态度的严谨和打倒"四人帮"后的舒畅心情。

04 | 聚散匆匆怀戴公

王绶琯 | 中国科学院国家天文台

数年前，应刘圣梅先生嘱，提供戴文赛先生生前事迹的资料，写了这篇文，但较多地掺杂有个人的交往和仰慕。今值戴先生逝世二十年，因又读了一遍，改了几个字，在这里借申缅念之情。

一

机缘，看起来有的像街头水泥柱和贴在它上面的各色广告，虽然贴近，但却始终相互陌生；有的则像船边追扑着浪花的群鸥，悠扬飘忽，若即若离，但却能在同一航道的"时空坐标点"上留下印记。

戴文赛先生是我钦敬的一位长者。在祖国天文学行进的轨道上我们虽然聚散匆匆，但每当我有幸追蹑到他的后尘时，总会感到眼前一霎开朗，在心中印

本文为中国科学院院士王绶琯发表于《天文爱好者》1999年第3期。

下了一幅新的珍藏。

我是在想象里第一次"遇见"戴先生的。那是1952年,我在回国之前访问了一次剑桥。剑桥离我当时旅居的伦敦不算远,以往中国同学多的时候来往比较勤,剑桥的许多学院和剑河景色至今仍是我那段"少年游"的美好衬托。而这回,许多同学已经先我回国,我自己也因为赶着完成一个课题,把仅有的两天时间都花在天文系里。伸腰展腿的间隙里就限于和系里的一位资深天文学家阿·比尔"饮茶"、散步。比尔博士是犹太裔,受纳粹迫害移居英伦。离群去国之感使他对我这个行将归国的异乡青年格外亲切。比尔多年来主编《天文景观》,学科积累甚丰,人物掌故也颇多涉猎。他告诉我曾有一位戴文赛博士在剑桥攻读天文学。关于戴先生,比尔没有谈到什么轶事,只是说他知道戴当年的论文很出色,学成后急于回国,却不知道是否还在搞天文。比尔可能并没有见到戴先生,但是他望着我说:"主要是戴已经回到了家乡。"其时的神情令我久久难忘。

在告别剑桥的那个清晨,我沿着剑河漫步。微红的晨雾正托着一座座学院雍容的身影。它们好像在离我远去。而近处河中,正如徐志摩所描绘的:

> 那榆荫下的一潭,
> 不是清泉,是天上虹;
> 揉碎在浮藻间,
> 沉淀着彩虹似的梦。

但是我看到的不是梦,是新生的祖国的灼灼光华,盈盈微笑。其中就有戴文赛先生的微笑,我仿佛也就认识了微笑着的戴先生。比尔说我是他在剑桥所知道的第二个中国天文学家。从剑河挂起一道彩虹连到中国!是我首先步戴先生的后尘吗?

我见到戴先生是在一年多以后。南京大学数学天文系的一个小院里支起两盏大灯,差不多全南京的天文工作者,包括入学不久的天文系同学们都到了。这是新中国刚刚建起的小小天文学"家庭"在这里聚合,欢迎他们的"当家人"

之一——戴文赛先生从北京回来团聚。会上赵却民先生介绍了戴先生的学术业绩和奋斗历程，我想象里的戴先生的印象具体化了。那天戴先生说话不多，大部分时间微笑着，我觉得这微笑却有些熟悉！

二

接下去是我有幸在人生的"时空坐标点"上得以接近戴先生的25年，从1954年到1979年。

整一个四分之一世纪！时间不谓不长。

不幸的是，实际上的机缘却是悭吝的。算起来各人能够在天文建设之路上奔跑的时间不过六七年，而这六七年里，大家都在"急行军"，彼此碰一次面的机会正有些像那群鸥逐浪，若即若离。

当然，人与人的沟通不一定只有朝夕相处。古人所谓"倾盖如故"，就在于瞬时间的意会神传。对于今天学科建设路上的"急行军"者，这种意会往往能体现在险路面前的一拉手，或岔路口上的一挥臂。虽然有如白驹过隙，但正是这些时刻会在漫漫的记忆中闪光。

新中国天文学的建设起步于1950年代初期，约在我国现代天文学的草创之后30年，距我国第一座现代意义上的天文台——紫金山天文台的创建20年。这时，第一代创业者中的张钰哲、李珩、陈遵妫（人称"三老"，那时他们都在五十岁上下）回到紫金山天文台重建天文科研，不久又有了戴文赛（第一代人中最年轻的一员）在南京大学创建现代天文教育。这两者相互配合，形成了支持着我国天文学向前迈进的"两条腿"。

在行进中两条腿的相互支撑一刻也不能少。也许因为人们对这样的支撑已经习以为常，以至于只有在面临险路或岔路的关头，才恍然感觉到了它的力量。

我自1953年到紫金山天文台跟随"三老"在天文科研建设的路上"急行军"，迄今越四十年。每当回顾起其间几次遭遇"险阻"、经"苦战"而"过关"时，总会感受到戴先生的默契。这种经历在我国天文各个领域的发展中并非罕有，但在当事人的科学生涯中则是难忘的。

我难以忘记 1955 年从南京调到上海参加"授时"任务。作为一个天体物理工作者，授时对我是一个新的领域。当时有几位"老"同志帮助，但任务很紧，是一道"险坡"，要"苦战"。1958 年，我从上海调到北京，主要为了筹创射电天文研究。当时这是一个空白的领域，虽有苏联朋友们在开头时帮一把，但极短暂。我们的队伍全是新手，"坡"很"陡"，这路怎么走？

这两次都是在"陡坡"上摸索向前，我很难忘记吴有训先生的引导和"三老"的支持。同样难忘的是南京大学及时输送的人才。第一次有吴守贤、邹惠成，第二次是钱善瑎、傅其骏。这两个任务大家都不熟悉，一开始就是共同探路。他们很快投入，很快进入到水乳交融的通力合作。当时他们初出茅庐，所表现的学术素质和适应能力，无疑显示出了戴先生办学的严谨、精到和思路开阔。他的支持来得那么及时、有效，又那么自然、毫无声张。人们常把老师的影响比作春风化雨，戴先生的师德，影响实不限于校园。在全国天文科研园地里，他默默的支持，同样好比是及时的春雨："随风潜入夜，润物细无声。"

在我的学术生涯中，同样难忘的还有 1990 年代和苏定强同志的合作。苏定强 1950 年代毕业于南京大学天文系。一段时间以来，他和我以及几位同志认为天文学现在正在进入"多波段—大样本—高信息量"时期，发展大规模光学光谱测量手段实属必要，对我们国家亦属可行。我们以此为目标，积数年戮力同心，最终得到了现在被称为"LAMOST"的方案。当苏定强以他"主动施密特反射镜"的新颖设计完成了为 LAMOST 画龙点睛的一笔时，我又一次恍然感觉到戴文赛先生坚持严谨、精到和思路开阔的学术传统。现在戴先离开我们已经二十年，他对中国天文学的贡献经过时间的鉴定，不单是培养出了一批批出色的人才，更令人怀念的是在他的熏陶下传下来的赤诚淳朴、自强不息的学风。

三

我和戴先生直接合作过的只有两件事，两者都是编写丛书。一是 1950 年代我刚刚结识戴先生的时候，戴先生倡导、主持、我参加撰写的天文科普丛书；二是 1970 年代末的天体物理丛书，戴先生在病榻中筹划，他逝世后由我接手。两者之间时间跨度二十余年，正是我有幸接近戴先生的机缘的一始一终。

我自幼爱好天文，但为条件所限，不得其门而入。后来读到了金斯、爱丁顿等几位大师的科普著作，觉得茅塞顿开，最终走了以天文学为终身职业之路。但是在我遇见戴先生之前，就没有想到自己也能够和应该学着写科普文章。那时候总觉得，宣传月食不是"天狗吃月亮"等，似乎应当从小学、中学教育着手，而青少年科普工作，则希望能有专业队伍带头。戴先生对科普工作的看法比这深刻得多。他结合自然辩证法的应用和发展来看待科学研究，把科研成果的普及赋予哲学意义，并联想到对世界观的影响。这就把科普的功能和对象扩展到包括哲学家和科学家在内的高层知识层次。戴先生的这种观点我当时虽然还不尽理解，但却颇有触动。那时我也和许多人一样，以最大的自觉心学习哲学家们的讲述。他们报告的内容对我来说多半很新鲜，像巴甫洛夫的条件反射实验我以往仅略有所知，米丘林的学说则完全陌生。当时这些都奉为典范，但语焉不详，这引起了我想要找几本与之有关的书一读的愿望。等到有一回听到哲学报告中对天文学和物理学一些基本内容的误解，我才悟到了其他专业的人可能这时也正在找有关的天文读物，不过我还没有想到能由自己来写。这可能是因为一下子就想到了金斯、爱丁顿的著作，大手笔在前，令人认识到要写好一部科普书是多么不容易。但是戴先生在更阔得多的视界看到的是我国天文科普和"天文哲学"的整体建设。他倡导由一组天文学家分工撰写一系列天文题材科普著作，一方面答复了当时的需要，另一方面也寓有在天文科普领域集体"夺险、攻坚"的尝试。我响应戴先生的倡议，写了生平第一本科普小册子——《地球与月亮》。在以后的日子里，虽然断断续续，但却始终坚持着在天文"科普—哲学"道路上的探索。不过由于时间和能力的限制，做的一些工作基本上都框在"功利主义"的范围里：例如我的"科普动机"受到的激发往往是来自寻求志愿献身于天文学的青少年；而涉及"天文哲学"时，尽管自知对哲学远未入门，却"慌不择路"，急于想说明天文研究对于发展经济有它自己必由之路，而不能勉强与"赵公元帅"联姻；等等。这些努力的效果似乎微乎其微。我时常想起，如果现在还能依傍着戴先生，是否这些事连动机带效果都会有所改观？戴先生那种"只问耕耘、不问收获"的作风在今天的"攻关"中会发挥什么作用？前面估计过，从1950年代到戴先生逝世的四分之一世纪中，他真正可以调用在学术工作上的时间不过六七年。这六七年里，戴先生除了在教学和科研上做到了桃李满园、著作等身之外，所著科普文章多达70余篇。他在"天文哲学"上的建树也是突出的，例如他提出的"宇观"的概念今日已经脍炙人口。他虽然"只问耕耘"，但是他的"产量"是惊人的，不能不令人叹服。

关于第二部丛书——"天体物理丛书"的来龙去脉，我曾在丛书第一册付梓之际写的一篇序言中做了介绍。全文不长，现在录在下面。

> 1978年，已故戴文赛教授在病榻上和几位同志倡议编写一部天体物理丛书。这个倡议得到了天文界的响应和出版界的支持。当时四害已除，科学园地中严冰初破，万象春回。广大天文工作者怀着急切的心情整顿自己的队伍，重新投入到学科建设。文赛同志和大家意识到整顿的第一步应是重打基础。我们失去的这十年，正是国际上天文学突飞猛进的十年。随着这一时期射电、空间和地面天文实测手段的长足进步，重大天文发现接踵而来，理论物理学和天文学的学科渗透空前活跃。这一切给当代天文研究带来了一个面临飞跃的前景。面对这个前景，如何夺回十年动乱中失去的时间是我们当前两代天文工作者必须首先考虑的问题。于是，大家设想，在起步之际是否可以组织天文战线上的"老兵"，分头先就各人所长的学科领域，系统地刷新知识，写成讲义，互教互学；并在此基础上整理成书，用以为源源加入天文队伍的"新兵"及时地搭桥铺路。……读者对象为天体物理专

业的研究生,当然也适于天文和有关物理学科的科研、教学工作者参考。

现在丛书各册即将陆续问世。几年来我们国家经历了拨乱反正,我国的天文工作者和全国人民一致步调,正抱着振兴祖国天文事业的志向,稳步登攀科学的崎岖道路。在这伟大的旅程中,我们将以这部丛书作为路旁岩石上的一方铭镌,记载着这一年代我国天文学的里程,并以此纪念我们的同志、本丛书许多作者的老师和朋友——为新中国天文建设事业殚竭心力、奋斗一生的戴文赛教授。

这篇文是1982年写的,此后的十几年里我国天文学的情况有了很大的变化,国际上的发展更是一日千里,这部书所标志的"追回时间"的里程仍旧有一段很长的拼搏之路。迄今丛书陆续有几本问世,不过目前在"转轨"的阵痛中遇到了一些困难。出版暂时停滞,然而努力并未中止。令人欣慰的是,当前"科教兴国"的洪钟已经在全国响起,我国天文又面临一次新的发展机遇。我们相信,这部丛书眼前遭受的困难只是行进道路上的又一次险阻,虽然我们也不无忧心地注意到,这困难实不止来自"孔方兄"的"绝交"。面对难题,我们格外怀念戴先生。他的学识,他的凝聚力,他的长者风度,曾经是我们自然而然的依靠,在与困难奋斗的关头,我们多么希望再能够得到他的默默的、永远及时的支持啊!

> 我思戴公苍天悠悠
> 竭虑殚精不忮不求
> 唯学是践唯国是忧
> 以濡以润翼我新苗
> 斯人不驻涕泗难收
> 愿言缅怀风范长留

05 难忘戴文赛老师
——我的入门引路人
章振大　黄佑然（记录）｜南京大学

我大学阶段开始就读于广州中山大学天文系。1952年，全国大学院系大调整。因为我国天文科学研究中心在南京紫金山天文台，教育部决定中山大学天文系和齐鲁大学天算系的师生、设备和图书等全部搬迁到南京大学，合并组成南京大学天文系。于是我随中山大学的老师赵却民、容寿铿、李春生、肖云等一起来到了南京，继续大学本科学业。同来的还有黄璧坤同学。齐鲁大学转来的教师为副教授程庭芳，以及刚本科毕业留校任助教的苗永宽和许邦信。

到南京大学后，赵却民老师担任天文系主任兼天体测量（含天体力学）教研室主任。1954年，我本科毕业后，也被留在天文系担任助教，黄璧坤则被分配到紫金山天文台工作。可见，当时南京大学天文系的教师非常缺少，特别是缺少天体物理专业的资深教师。不久，学校申请得到教育部批准，调北京大学的知名教授戴文赛来南京大学天文系任教，我们都非常高兴、满怀热情地期盼着。

初次见面

1954 年 9 月，戴先生来南京时，系领导派我去火车站办理迎接事宜。学校派了汽车。我当时是个刚毕业的小青年，想到将要见到知名的教授，心里虽然激动，也难免有些忐忑。

戴先生见到我非常高兴，没有一点架子，他亲切、谦逊的绅士风度，立即使我放松了下来。我和司机陪着戴先生夫妇，一直将他们二位送到学校为他们安排的住处，帮助他们安顿好，才告别。

秘书、学生、助教

戴先生就任后，天文系成立了天体物理教研室。一段时间里，教研室只有戴先生和我两个人。戴先生担任教研室主任，我是他的秘书。（虽然在北京时，戴先生接收了易照华为他的研究生，易照华来南京后，仍然希望从事天体力学的研究方向，戴先生介绍他到上海佘山天文台，先跟随李珩研究员学习一年。）

1955 年，南京大学天文系和数学系合并，扩大为南京大学数学天文系，戴先生任数学天文系副主任兼天文系主任。戴先生在担任行政工作的同时，对学生开讲了两门天文学课程：天体物理学、恒星天文学。由我担任课程的辅导老师、助教。于是，我首先成为戴先生的学生。从此，我认真听取他的每一堂讲课，详细记录笔记。为了解决缺乏教材的困难，戴先生还让我和他一起翻译苏联的天文教材：《普通天文学教程》和《恒星天文学教程》。这两本书最初印成讲义发给学生，后来分别于 1958 年和 1959 年由高等教育出版社出版发行。

在和戴先生共同工作的日子里，我经常得到他的帮助，戴先生的言行是我的楷模。当年，参加旁听戴先生讲课的还有紫金山天文台的年轻助理研究员陈彪，由此我们成了好友。

我的第一篇学术论文

在戴先生发起、指导下，我参与完成了有我署名的第一篇学术论文。戴先生提的论文题目是"B型发射星的空间运动"，他推导出了计算公式，教给我计算方案和如何查找资料。在戴先生的鼓舞下，我干劲十足，整个寒假没有休息一天，用电动计算机完成了计算任务。戴先生执笔撰写了文稿，论文发表在1956年中国《天文学报》上。戴先生对我的工作非常满意，当他得到168元稿费后，坚持要分给我84元，这可是比我当时一个月的工资59元还要高的哟！

我对学生讲课了！

戴先生是社会名人，除了从事本校的教学科研工作外，他还经常参加国内外的一些学术活动和社会活动。如参加国际天文协会的会议；1955年，参加北京召开的"远景规划会议"；参加"全国先进生产者代表大会"。这时，他的讲课任务怎么办？他都放心地让我代课。他鼓励我大胆地上。我凭借他的讲义和自己平日听他课的笔记，承担了代课任务。我替他讲"天体物理学"，陈彪替他讲"恒星天文学"。通过代课，我较早地在实践中得到了授课锻炼。

1957年，高教部为南京大学数天系天文专业聘请了一位苏联专家。事先，为了准备配合苏联专家的工作，1956年我和刚毕业留校任教的郑宁英，被抽调脱产半年，专门学习俄语。1957年苏联专家格·弗·西特尼克来校工作后，我担任专家的业务翻译；外文系俄语专业的苏寿祈老师担任专家的生活翻译。因我自中学到大学的外语课学的都是英语，改学俄语给我的压力非常大，我不得不竭尽全力搞翻译工作，和戴先生在业务上的联系渐渐少了。但是戴先生作为天文系的领导，还是经常参加苏联专家和年轻老师们的讨论组会，如讨论太阳塔、日冕仪等。

我和苏联专家西特尼克相处了一年半，在和他经常不断的学术讨论中，启发了我对太阳物理的研究兴趣。可以说，西特尼克是第二个对我的研究生涯起了重大作用的人。特别在1958年4月，我们参加"中苏合作"去海南岛三亚观测了日环食之后，我和陈彪利用分析获得的光谱资料，相继发表了三篇学术论文。从此，我决定了自己今后的终生研究方向——太阳物理学。

但是，我永远不会忘记戴文赛老师把我引进教学科研之门的恩德！

06 戴文赛先生和《天文学名词》

李竞（口述） | 中国科学院国家天文台
刘炎（整理） | 中国科学院紫金山天文台

在北京和戴文赛先生相遇、相识

1948年的秋天，夏秋之际，我得知戴文赛先生并没有到南京去，而是到燕京大学报到了。

李元告诉了我一个地址，同时还告诉了一个信息：戴文赛先生这次到燕京来教书，肯定只是一个中间过程，将来会有更固定的安排，长远的打算，他将来完全有可能到紫金山去。李元还透露一个信息，说是戴文赛先生回京以后的第一件事情可能就要成家。他说你要到燕京去，很可能会见到这位未来学长的夫人。我就跟戴文赛先生写了封信，介绍我自己，相约一时间到他家去做客。当时从北京城区到燕京大学有校车可去，我就搭校车到了燕京大学。他在燕南园，那是教授的别墅区，也就是梁思成、林徽因他们住的那样的房子。到了戴先生的家，戴先生出门相迎，我看到后有点吃惊，因为戴文赛先生显得比他应该的实际年龄要老一些，主要是因为他的头谢顶了。我进到他的住宅后发现，他好像是旅行刚回来的样子，完全是不像是就要在北京大学自己的公寓住下的场景。行李也没有打包，东垛一堆、西弄一箱地在那儿敞着，根本就不像有一个长久之计的那种局面。

戴先生非常热情地欢迎我，介绍了他在英国留学时做恒星物理的光谱的工作、大学毕业论文等。当时跟戴先生谈话非常广泛，知道了他还会吹单簧管，他拿出乐谱来哼唱，我就知道他是会识读的。在中国老一代的天文学家中，喜欢古典音乐的还是不少的，但能够识谱的，可就真是不多了。戴文赛就是一个极少有能够识谱的古典音乐爱好者。这样我跟戴先生又成了音乐领域的同好，非常高兴。那次还在他家吃了晚饭，他家有一个男仆做饭。

于是，我就认识了一位大天文学家。

1952年版本的《天文学名词》

戴先生在出国之后、回国之前就已经决定要在天文领域扎根，在这个阶段他做了一件重大的事情。

中国天文学会在1934年时出版了一本叫《天文学名词》的书，这在当时世界上是有名的，有英、德、法、日几种文字对照的，现在已是一个文物了。

在1948年认识了戴先生之后，我得知他手边已经积累了一些新的天文学名词。戴先生是个有心人，早在进入天文领域之前，他已开始注意天文学名词的工作。他做了一些天文学名词收集的卡片，正面是中文，反面是英文，还写上出处。这种卡片，是老一代天文学家或者任何一个学科做科学名词修订时候必要的工具手段。他告诉我，1934年出版的《天文学名词》很可能要重版。

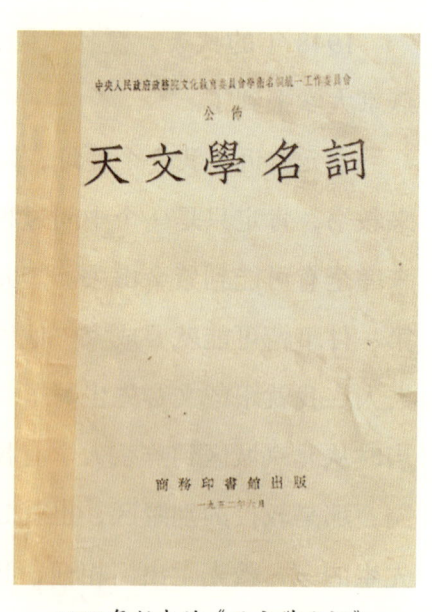

1952年版本的《天文学名词》

1952年，中华人民共和国成立不久，教育事业也正在百废俱兴的时候，戴文赛先生果然编集出版了一本新的《天文学名词》。这是新中国成立之后的第一本，补充了1934年之后中文天文学名词的一大段空白，是功德无量的。

三种三语版式的《天文学名词》

1957年2月，中国天文学会在南京召开建国后的第一届会员代表大会，会上有一个重要的决定：要以天文学会的名义出版新中国的第二本天文学名词词典，希望两年内完成。于是新组建了一个天文学名词的审定委员会，戴文赛先生任主任，下面有两三位委员，都是副研究员以上的。当时我和紫金山天文台的同事沈良照都只是研究实习员，还差两档，进不去，于是就成了委员会的工作人员。词典的内容根据戴先生指导，由我们自己确定，有英、俄、中三语的三种版本。一个是英文开头，英俄中；一个是俄文开头，俄英中；一个是中文开头，中俄英。这三本词典就是我们自己给自己加的任务。

我从1956年起，就继续戴文赛先生在昆明还没有完成的任务，把他的双语对照卡片再扩大两种：一个是俄中，另一个是俄英，共三种卡片。当时沈良照由于身体不好，可能是呼吸的器官不太好，因此名义上是三人小组，实际上只是我跟戴文赛的两人小组。我把收集好、审定好的卡片带到南京大学天文系，每日在与戴文赛先生吃完了午饭之后，就一起进行审定，这样共做了两年。

1959年时，我被调往北京天文台，想带着这三大摞的卡片去北京。戴文赛先生非常慷慨，完全没有说要什么版权、版税的，都给我了。我就把这三大摞卡片一起交到了科学出版

1959年的俄—中—英三语版式的《天文学名词》

社,由科学出版社进行名义上的审定。实际上因为有戴文赛的名声担着,很快就通过了。在1960年元旦之前,这三本书都出版了。应该说是按期、胜利地完成了中国天文学会交给的任务。

天文学名词审定委员会一向被看成是一种天文公益事业,很少有谈报酬之说。"出差费",当时还没有这个名词。1959年这次的《天文学名词》,大标题署的名是中国天文学会,而小标题倒成了李竞和沈良照,却没有戴文赛。这都是上级的决定,我也不知道是怎么安排的。我总算挂了个名吧,还有了一点非常有限的稿费。

这就是在1959年向国庆献礼的时候,中国天文学会完成的一个大的作品:三种三语版式的《天文学名词》。这套《名词》一直沿用到、盛行到"文化大革命"时期。

在此之后,我跟戴先生就是山南海北,相隔长江了,共事的机会也比较少了,但是在一起开会的时机还是有的,因此跟戴先生还是常常相遇。跟戴先生相遇时我们有着一个永久不断的话题,那就是天文学名词的审定,这是我们永远的议题。

但是后来非常非常的遗憾,1979年时,戴先生因患肝癌不幸去世,留下了一大堆未竟的事业。他一辈子孜孜不倦,我猜测,以他的这样的文豪,手边可以出版的散文想必就有不少。

在此,我想借这个机会,在北京中日医院养病的期间,叫我老伴给我录音,回顾这从1950年代初,一直到1979年最后时期的一些往事,主要是集中在天文名词的审定上。

07 | 戴文赛教授：规范现代天文学汉语名词的先驱者

李竞 | 中国科学院国家天文台

2009年是联合国命名的"国际天文年"。1609年，意大利天文学家伽利略用他手制的世间第一架折射天文望远镜巡视夜空，终结了几千年肉眼观天的"望远镜前天文学时代"，使人类文明迈进到利用望远镜探索宇宙的"现代天文学新世纪"。20世纪上半叶，天体物理学兴起，在古老而经典的天体测量学和天体力学中，新词大量出现。20世纪下半叶，随着射电波段的开启，诞生了射电天文学和空间天文学，新的天文学名词随之不断涌现出来，丰富着现代天文学词库。在喜迎"国际天文年"到来之际，我们由衷地怀念已辞世三十年的、规范现代汉语天文学名词的先驱者——戴文赛教授。

戴先生是福建漳州人，抗日战争前夕，考取官费赴英留学。在读研究生阶

本文是李竞在喜迎"国际天文年"（2009年）到来之际，由衷地怀念已辞世三十年的、规范现代汉语天文学名词的先驱者——戴文赛教授的力作，正如许邦信所赞誉的，对了解戴先生在这方面的贡献"有十分参考价值"，值得仔细阅读。原载于《中国科技术语》2008年第5期，根据许邦信和刘炎两位的推荐收入本文集。

段，他根据天体的分光光度测量，探索特殊变星的激变爆发现象和机制，以高质量的论文获得天体物理学博士学位。在二战期间，他回到祖国，在中央研究院迁至西南内地的天文研究所任职，抗日战争胜利后，在北京燕京大学任教。新中国成立后，戴先生受命赴南京大学组建新中国第一个大学天文系，并担任天文系主任直至1979年病逝。

戴先生在北京燕京大学执教期间，筹组了大学生天文爱好者学习团队，亲任导师。在当时的团队成员中，有正在进修的天文学家陈彪，还有后来进入天文科研或天文学岗位、成长为知名天文学家的诸如沈良照、叶式晖、刘宝琳、杨海寿、易照华等。可以说，戴先生带领的天文兴趣小组是名副其实的天文学家的摇篮。

笔者于1948年在上大学时认识了戴文赛教授，并参加学习小组成为其中积极的一员。由于戴先生平易近人，乐于和青少年交往，除聆听戴先生的天文讲座外，笔者曾几次到他校园内的寓所造访，听取教导。戴先生博学广闻，学识面宽，话题中除了天文，还有历史掌故、国外见闻、古典音乐等，天文学名词也是话题之一。那时，介绍天文学最新发展的中文书刊非常稀少，甚至大学天文教材也是国外的而非中文本或中译本。唯一的一本规范的英汉天文学名词的书还是1930年代初期问世的，当然不会包括1940年代出现的天体物理学名词。因此，天文学家以及天文学子在科研和教学之际，尤其是口语交流时，往往需要经常借用外文名词。当时，汉语中一义多词的现象较为普遍，例如，"反光望远镜"和"反射望远镜"其实都是指"reflector"，"远镜"和"望远镜"都是指"telescope"，等等。交谈中笔者得知，戴先生早已对天文学名词不够规范的现况表示不满和忧虑，自英国留学归来后，他就曾在天文研究所自发地积极参与天文学名词的修订和审定工作。戴先生对中国天文学名词的创制、审定、规范、统一、宣传、推广等一系列有关的事业非常关心，有强烈的责任感和许多真知灼见。

中国天文学名词的制定和规范有悠久历史和优良传统，在绝少掺杂音译外来语的前提下，甚至可以方便地用汉语读、听、写包括天文学在内的一切现代科学和技术。对使用汉语的华人而言，这似乎是天经地义的。然而，对一些民族来说，能自如地运用本民族的语言传播现代科学知识和信息，并非易事。例如，日语就采用了移植极多的音译外来语来传播和表达包括科技在内的一切新引进的事物。又如，印度、巴基斯坦、斯里兰卡等国，若只用印地语、乌尔都语、僧伽罗语等民族语言和文字而不使用大量的外来语，就很难满足现代科学和技术的需要。所以，把一切非本民族固有文化的传播纳入汉语文字的框架和体系，乃是中华文明的一个传统特色。

天文学是中华文明的重要组成部分。早在甲骨文时代即有天象的记录和描述，诸如日月交食、行星出没、新星和彗星的隐现等。三千年来，中华文明创造了一整套天文学名词，用以描述天文现象和历法天算，其中大多沿用至今。如：日月和五大行星的专名，肉眼能见恒星的专名、恒星命名体系，多种天球坐标及其量度体系，行星运行和掩食现象的称谓，等等。近四百年前，近现代天文学从西方传至中国，中国的天文学家对大量外来的天文新名词学习和消化，按其内涵创造与其对应的汉语名词，并纳入汉语框架，使之成为汉语的天文学名词。这在完善和增强汉语传播现代天文学知识功能的同时，也为那些汉语的使用者提供了一个了解中国古代天文学成就的机会。

将传入中国的天文学名词汉语化，一直是中国天文学家的传统使命，并受到官方和民间的重视。15世纪，明朝官方曾经组织翻译波斯文和阿拉伯文的天文学著作。17世纪以来，在西方传教士的协助下，众多介绍欧洲天文学的著作面世，并且用汉语创造的天文学名词被大量使用。在此领域贡献最著者有徐光启（1562—1633）、薛凤祚（1600—1680）、王锡阐（1628—1682）、梅文鼎（1633—1721）、明安图（1692—1765）、李善兰（1811—1882）等。1922年，中国天文学会成立，为了保持和发扬天文学名词的汉语文化传统，学会从一开始就将天文学名词的审定和统一事业作为一项常设任务。1933年，教育部和国立编译馆设立天文学名词审定委员会，聘任中国天文学会译名委员会的委员作为成员。1934年,20世纪的第一部由政府颁布的天文学名词汇编《天文学名词》出版。随后,中国天文学会天文学名词编译委员会继续承担名词修订和新词审定的工作。戴先生就是该委员会的主要成员之一,正是由于他十多年坚持不懈的努力,积累了大量的研究成果,才使《天文学名词》于1952年由学术名词统一工作委员会公布出版。

1954—1956年,笔者在紫金山天文台张钰哲台长的领导下,和沈良照先生编订了俄英中对照天文学名词的初稿。1957年,戴文赛教授作为中国天文学会天文学名词委员会主任,主持审定该初稿。戴先生当时任南京大学天文系主任,在他多年执教及主持编写教材和讲义的经历中,积累了天文学各个分支学科原有名词的修订见解和新生名词的定名意见,特别是天体物理学领域内有关恒星、星群、星团、星际物质、星云、星系、星系群、星系团以及各个天体层次的新词定名。由于戴先生的热心和关切,初稿在1958年年初完成了终审,并于1958—1959年,以俄英中、英俄中和中俄英三种版式出版问世。

1960年代,天体物理学不断发展和繁荣,大量天文学新词随之涌现。这些新词的定名和审定以及已有天文学名词的修订工作,由南京大学天文学家小组承担,其成果即是戴先生主编的《英汉天文学词汇》,该书于1974年问世。由于这部辞书社会效益明显,1976年又出版了《英汉天文学词汇》的增、修订本。戴先生直到辞世前,仍在主持南京大学天文学家小组筹编《英汉天文学词汇》第二版。遗憾的是他未能亲眼看到第二版的面世。

在跟随戴先生审定天文学名词的那些日子里,笔者把从他身上领悟到的精神总结成三条:一是根据名词的天文内涵,用简练易懂的汉字,正确地表述名词的本原,其天文内涵不能扩大,也不能缩小;二是不用生僻汉字,不用易于望文生义的汉词,尽可能使名词的表观有科学性而不是日常用语;三是力求保持和发扬天文学名词的汉语文化特色和传统。

现举几个例子说说。

射电天文学,由于它对应的外文是"radio astronomy",1950年代末,曾一度被称为无线电天文。鉴于其内涵是指探测和研究天体与其他宇宙物质在无线电波段发出的辐射，与文明社会发播和收听的无线电毫不相干，为了避免可能产生的误导，戴先生力主定名为射电天文，并规范了一系列与此相关的名词，例如射电望远镜、射电天文台、射电观测、射电天图、射电源、射电暴、射电太阳、太阳射电等。如今这一汉语天文学名词早已成为社会认同的规范术语。

脉冲星这个1960年代末出现的新词，一度受到略早于它并已被采用的类星体一词的影响，被称为脉冲体。当时，对类星体的本原知之甚少，将貌似恒星而非恒星的天体取名为类星体是正确的。而现有证据认为，这种天体是坍缩了的恒星，主要在射电波段发射周期极短且极精确的脉冲。因此称之为脉冲星是恰当反映其本原的定名，脉冲体的取名则是扩大了原来事物的内涵，不可取。

"黑洞"一词是用没有科学内涵的普通名词作为理论上预期存在于宇宙中的天体的科学名词的一个例子。曾有人认为其名不雅而称之为"陷光星"。其实，陷光只是黑洞的特性之一；此外，已在几个星系的核心区探测到质量超过几百万太阳质量的黑洞，根本不是"星"；在理论上还会有质量远小于恒星的微黑洞，它们也不能称之为"星"。"陷光星"的定名是缩小了原来事物的内涵，不可取。

戴先生在讲课、报告、撰写文章和教材时，严格区分内涵不同但易于混淆的名词。如亮度和光度、丰度和富度、激变变星和灾变变星、引力和重力等。由他首先提出、后经审定成为规范名词的例子极多，如星协、星族、核球（旋涡星系核心区的隆起结构）、旋臂、棒旋、耀斑、耀星、吸积、致密、临边昏暗、临边增亮、类地行星、类木行星等。

戴先生还致力于汉语名词的精练和简化，不少简练后的名词已被普遍认同。例如赫罗图（赫茨普龙-罗素图）、史瓦西半径（史瓦茨西尔德半径）、测光（光度测量）、测地（大地测量）、红移（红向位移）、零龄主序（零年龄主星序）、大麦云（大麦哲伦云）、小麦云（小麦哲伦云）等。外国天文学家和天文机构的译名也是戴先生关切的领域。他身体力行地遵循名从主人、不用生僻和易于他想的文字等原则。例如，将黑耳改为海尔（Hale），将哈罗改为阿罗（Haro），将阿尔富文改为阿尔文（Alfvén），将格林威治订正为格林尼治（Greenwich）。

戴先生离开我们已30年了。值得告慰的是，1985年经国务院批准，成立了全国科学技术名词审定委员会，下设包括"天文学名词审定委员会"在内的几十个学科分会。此外，中国天文学会下设的"天文学名词审定委员会"也在1980年代初重新组建。当年和戴先生一道在天文学名词审定领域共事的学生，诸如许邦信、卞毓麟、黄天衣、萧耐园、叶式晖、沈良照、林元章、刘麟仲等，继承了戴先生关心的事业，在全国科学技术名词审定委员会的领导下，积极地参与了《天文学名词》第一版（1987）和第二版（2001）以及海外版（1987）的审定、编集和出版。《海峡两岸天文学名词》也已完成审定，即将出版。

此外，戴先生主持的英俄中对照《天文学名词》，经美国天文学家改编为英中对照《天文学名词》，已由哈佛大学出版。戴先生主持的《英汉天文学词汇》（1976）和他逝世后由继任者许邦信先生主编的第二版（1986）都先后以繁体汉字版在台湾出版。该词汇的第三版——《英汉天文学名词》，也已于2000年问世。

戴先生对天文学名词事业做出了巨大贡献，对不同国家和地区的天文学汉语名词的规范和统一产生了巨大影响，这都将载入史册。

2008年11月17日

08 | 戴先生在审定天文学名词方面的贡献

许邦信 | 南京大学天文与空间科学学院

许邦信先生来信（1）

胡佛兴先生：你好！

你的来信和《缅怀戴文赛先生》我都已读过了。我觉得你花了很大的调研工夫，写得很全面，这是一件很有价值的工作，值得赞赏。

我想向你补充戴先生在审定汉语天文学名词方面的贡献，1957年他担任中国天文学会天文学名词审定委员会主任，曾经指导紫台的李竞和沈良照两位编集了新中国第一版的《俄英中对照天文学名词》。李竞在《天文爱好者》2000年1期发表了《在戴文赛教授指导下审定汉语天文学名词》。

"文革"后，科学出版社又请戴先生审定新版的天文学名词，在当时南大天文系领导彭云楼的组织下，戴先生又带领天文系的一批青年教师编集了《英

本文的两封信保留了原信格式。许邦信先生现居美国新泽西州。

汉天文学名词》。这些工作既培养了青年助手们的外语和编辑能力，也对一般读者学习外文天文文献以及出国访问或留学都有帮助。

以上意见供参考。

祝工作顺利！

许邦信 2020 年 7 月 14 日

许邦信先生来信（2）

胡佛兴先生：你好！来信收到。关于戴先生在审定天文学名词方面的贡献，我最近又查到李竞先生在《中国科技术语》2008 年第 5 期上发表的《戴文赛教授：规范现代天文学汉语名词的先驱者》的文章。写得非常详细，如能将此文附入你的大作，有十分参考价值。请考虑，可与李竞先生联系。

他的电信地址是 xxxxxx@qq.com

文章

http://www.lamost.org/astrodict/articles/DaiWenSai_astroglossary_lijing_2008.pdf

祝工作顺利！

许邦信 2020 年 7 月 25 日

09 | 怀念戴文赛先生对我的教育和影响

黄润乾 | 中国科学院云南天文台

1953年7月的一天，在北京大学大礼堂开会，会上宣布出国人员名单，我被分配到苏联列宁格勒学习厂房建设。

但在临近出国前，周总理和安子文（时任组织部部长）突然又来到学校，并宣布从650名去苏联学习的同学中抽150名到东欧学习。宣布的150名赴东欧学习的名单中就有我，是分配到民主德国学天体物理。

那时，对于什么是天体物理，知道极少，思想中只想学成后回国参加祖国轰轰烈烈的经济建设，不知道学天体物理有什么用处。可是在那时，个人必须服从组织和国家需要，想不通也得服从。我去德国学习天体物理是属于中国科学院派遣的，回国后应该到中国科学院工作。

当时属于科学院派遣的学生共有九人，出发前，科学院的领导专门设宴送

本文节选自中国科学院院士黄润乾（1933—2013）2013年所著的《心星永恒——我的求索之路》。

行。我们九人由管维炎带队（管维炎后来到苏联学习，回国后曾是中国科学院物理研究所的所长、中国科技大学的校长）。

那次送行宴会上同桌吃饭的有华罗庚和钱三强两位大科学家，钱三强先生那时是科学院计划局的局长，在吃饭时介绍了科学院的发展远景，还建议我到北京大学去拜访从英国回来的天文学家戴文赛先生。

这样我认识了天文界老前辈戴文赛教授，戴先生后来对我特别关心，在德国期间，他给我写过很多鼓励信，寄过他翻译的书。1976年我到云南天文台工作时，他又热情地给我写信，建议从事什么工作，还请我到他家中吃过饭。

戴先生如此关心一个年轻人，我是永远不会忘记的。

戴先生对待年轻人的另一特点是从不保守，不怕年轻人超过自己，希望青出于蓝胜于蓝，他的这些作风，是我后来在培养年轻人时的座右铭。

很可惜，戴先生在1979年因患癌症去世。戴文赛先生是我最尊敬和最怀念的前辈之一。

10 | 怀念为戴文赛先生工作的岁月

钱幼基（口述） 黄佑然（执笔）| 南京大学

1954年9月，我自常熟中学高中毕业，南京大学人事处组织科乔瑞南同志来我校招收员工，我被录取为南京大学天文系的实验员（半工半读）。我负责管理天文系天体物理教研室的实验室（包括望远镜），为教学和科研的顺利进行提供条件。同时，我还旁听天文系的一些本科课程，如基础天文、高等数学等。

当时，戴文赛教授是天体物理教研室主任。他温文儒雅、慈祥和善，从不摆教授架子，使人一见到他时，崇敬的心情油然而生。所以，对戴先生的事，我会更加尽心尽力地做。不久，戴先生即把我当作他的助手之一，吸收我加入他的一些教研工作中去。印象最深刻的有两件事。

一、1961年，戴先生主编的两本书《天文学教程（上册）》和《天体物理学方法》在上海科技出版社即将出版。要求作者去校对、定稿。戴先生很忙，他派我去代替。为此，我在上海出版社工作了七八个月，除了校对文稿，

作本文时钱幼基双目失明，故委托黄佑然代笔。

还绘制书中的一些附图。期间戴先生来上海指导我好几趟，使任务如期完成。这次工作中，我学习到戴先生严谨、细致的工作态度和方法，受益终身！

二、记得戴先生的研究方向是太阳系的演化。他招收了几位研究生，如朱慈墭、黄克谅。他们搞天体演化方面文献的调研，编制大量的文献卡片。戴先生也将我作为他的助手参加这项工作。我们做了一整柜的卡片。过程中，戴先生经常对我讲解一些文献的内容意义，增加我的天文知识。当他知道我晚上加班做卡片时，一定要我中午休息。"文革"期间，他建议我住到南大天文台的空置房间，以保证工作和休息，也能照看好望远镜等仪器，不去参加派斗。

戴先生的家，就在天文台南面的教授宿舍，距离不到百米。我经常看到戴先生居所的灯光深夜通明，他还在工作呢！戴先生认真努力工作的榜样激励着我努力向上！

戴先生除了指导我工作外，还贴心地关怀我的生活。将近20年，我和爱人分居两地，我爱人在农村代课，代课费交生产队，仅拿很低的工分；她的学校离家又远，无法照顾孩子。我的家庭实在困难，我想调回常熟工作。戴先生知道了我内心的痛苦后，一直想帮助我解决这个问题。他曾想把我爱人和我先调到云南天文台，然后找机会调回南大。过些时，又想把我爱人调到南京郊区，而后回南大。他一直在试着想办法不让我调离南大，但都做不通。他遗憾地对我说："我能帮你解决一切困难，唯独户口问题不能解决。"

最后，1973年我不得不离开我工作近20年的南京大学天文系，离开我敬爱的戴先生和我熟悉如亲人的同事们，调到常熟市第二中学当了一名教师。

此后几十年，我在常熟的几个中学任教过，年年都被评为先进教师，这是因为戴先生为人治学的榜样一直鼓舞和激励着我。60岁后，我自常熟高级职业中学退休，现在养老院安度晚年。改革开放后，我家的经济生活日渐富裕，子女都有工作收入，一家生活无忧。感谢党和政府的好政策，为人民造福。

谨以此文表达我对戴文赛先生深深的怀念和感恩之情！

11 虽说是历史,却好似是昨天!

苏寿祁 | 南京大学外国语学院
黄佑然 | 南京大学天文与空间科学学院

这是一组老师们珍藏的、天文系早期的照片,是第一次面世的珍品。在这里我们可以看到祖国现代天文事业拓荒者戴先生、天文系元老和年轻老师们的工作实录以及他们当年的英姿和风采。苏联专家在南大天文系的工作是一段不应忘却的历史,这恐怕也是绝无仅有的历史照片了。

1958年6月29日，南京大学鼓楼北园小礼堂门前
欢送苏联专家格·弗·西特尼克（Г.ф. СИТНИК）回国休假
第一排左起：李春生，戴文赛，苏联专家格·弗·西特尼克，赵却民，程庭芳，苏寿祁（俄语翻译）
第二排左起：曲钦岳，汪珍如，黄佑然
第三排左起：许邦信，潘宁堡，郑宁英，苗永宽
第四排左起：章永成（实验室管理人员），宋圣麟，蒋能堂（校仪器厂师傅），容寿铿
（摄影：章振大；照片提供：汪铭江，黄佑然，苏寿祁）

西特尼克与章振大讨论太阳塔设计问题
（照片来源：苏寿祁）

1958年,在海南岛观测日环食
右1:章振大 右3:陈彪(中国科学院紫金山天文台)
左4:程庭芳 中间:郑宁英
(照片来源:苏寿祁)

虽说是历史,却好似是昨天!
1959年,南京大学鼓楼天文台
与苏联专家格·弗·西特尼克(Г.ф. СИТНИК)一起讨论日冕仪问题
左起:苏定强,章振大(被挡),戴文赛,西特尼克,苏寿祁
(照片来源:苏寿祁)

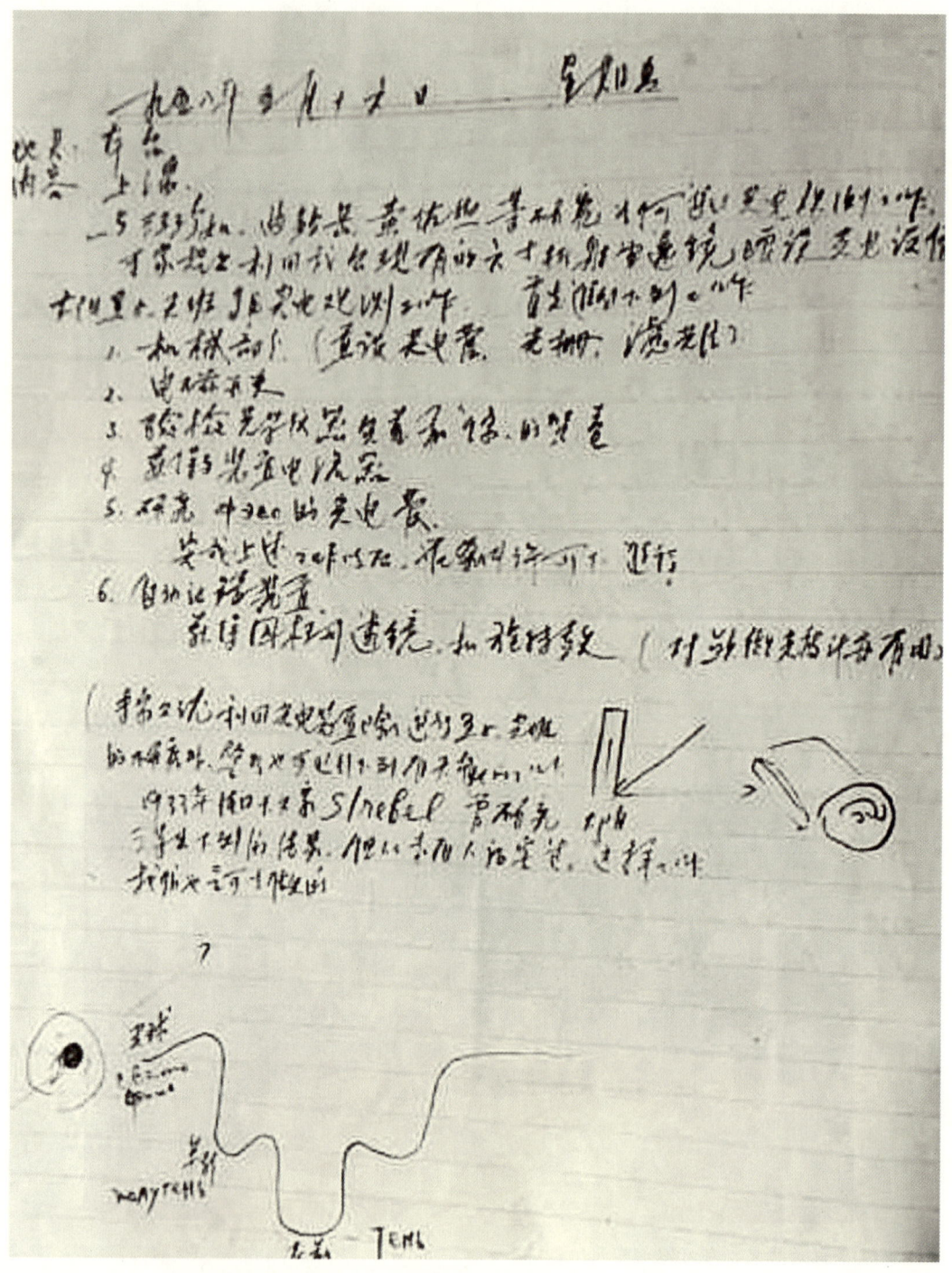

1958年5月16日,星期五,在南京大学鼓楼天文台上课
与汪珍如、曲钦岳、黄佑然等研究如何进行光电观测工作
专家提出利用我台现有的6英寸折射望远镜增设光电设备进行太阳黑子、光斑等光电观测工作
(照片来源:苏寿祁)

1959年5月26日，南京大学鼓楼北园斗鸡闸
送别，苏联专家格·弗·西特尼克（Г.ф. СИТНИК）工作期满回国
第一排左起：赵却民，黄佑然（抱儿），苏寿祁
第二排左起：郑宁英（抱儿），汪珍如，戴文赛
第三排右起：章振大，苗永宽，曲钦岳，格·弗·西特尼克，西特尼克夫人
第三排左起：章永成，孙凯，程庭芳，路慧明（总支书记）
第四排左起：李春生，（被挡），叶南熏（数学天文系主任）
第五排左起：许邦信，易照华，朱灿生（最高），容寿铿
（照片来源：黄佑然，汪铭江，苏寿祁）

1959年，南京大学鼓楼天文台
戴文赛和青年教师在一起
左起：苏寿祁，郑宁英，苗永宽，孙义燧，孙凯，朱灿生，戴文赛，黄佑然
（照片来源：苏寿祁）

12 | 戴先生对青年教师和学生的培养与关怀

苏定强 | 南京大学

在戴文赛先生 100 周年诞辰纪念会上的致辞

尊敬的戴师母刘圣梅先生,

各位领导、老师和同学:

明天是戴文赛先生 100 周年诞辰的日子,今天我们大家聚在一起,来纪念这位我国杰出的科学家、教育家和爱国者。

由于戴文赛先生的事迹在刚才方成先生做的生平介绍和曲钦岳先生的书面发言中全面讲了,我这里仅就我个人接触到的一件事,谈一下戴先生对青年教师的培养和关怀。

我是 1959 年从南京大学天文系毕业的,毕业后留校担任助教,留校前几年我教了"天文光学仪器"和"基础天文学"课,和孙凯、黄佑然老师共同教了"天体物理方法"(即"实测天体物理")课。那时期我同时对恒星天文学产生了兴趣,当时恒星天文学的内容包括银河系天文学和宇宙学,这是当时戴文赛先生研究的领域，且这门课比较难，我也教不了。戴先生是系主任，同时也是我所在的天体物理教研室的主任。戴先生知道后，在安排1962年春的课程时他就将"恒星天文学"这门课排成戴文赛、苏定强，由他讲课，我做助教并辅导学生和批作业。他想通过这样来培养我，以后和他一起来做恒星天文学方面的研究和教课。但一开学戴先生就接到邀请要去参加"广州会议"①，这是一个在我国历史上关于知识分子的极重要的会议。应该指出，戴文赛先生被邀请去参加这个会议充分说明了他在中国知识界的位置，在这种情况下"恒星天文学"课程是"停"还是"开"？戴先生果断地决定"开"，他叫我先讲起来，他就去广州开会了。当然，我接下后，感到一个极大的压力，我非常努力地学习和备课。大约一个月后，会议并没有完，戴先生从广州回来，他来听我讲课，提了指导意见，同时给了我很大的鼓励，叫我继续教下去，就又去参加广州会议了。又过了约一个月，广州会议结束，戴先生回来了，本来下面的课就应该由他讲了，但他又来听我讲课，说我讲得很好。当时用的教科书是苏联巴连拿哥的《恒星天文学教程》，共7章，他说"你继续讲下去，前6章都由你讲"，第7章星系动力学戴先生知道我讲是有很大困难的，他说这一章"我来讲"。戴先生回来后，我讲后面的课时好像他还来听过，就这样，我们共同完成了这门课的教学。戴文赛先生就是这样对青年教师培养、信任，给他们压担子，促进他们成长的。

　　戴先生回来后传达了广州会议的精神，最主要的是对知识分子"脱帽加冕"，也讲到了会上批评了高教部本位主义，毕业生中优秀的留得太多，对科学院支持不够，今后要改。我虽对恒星天文学有兴趣，但对当时系里的个别政治领导人有意见，我想离开南大。当时调动是极困难的，从戴先生的传达中我看到了调动的可能，再加上我在天文仪器方面原来就有特长且已做出显著成

---

① 1962年周恩来、陈毅在"广州会议"的讲话中，宣布给广大知识分子"脱帽加冕"，即脱掉"资产阶级知识分子"之帽，加上"劳动人民知识分子"之冕，并郑重向与会的人员实行了"脱帽礼"，使得与会者深受感动，各地知识分子也如沐春风。

绩，我就提出要求调到中国科学院南京天文仪器厂去工作。戴先生听到后非常难过，他说"我已经想好了，我们一起来研究和教恒星天文学"。戴先生不仅难过而且不放我走，我再三和戴先生讲，并且请比我高两级的同学同时也是老师的曲钦岳先生帮我去说服戴先生，经过再三做工作最后戴先生同意了（2021年补充：当时系党总支也不同意我调走，我请党总支委员、和我很好的朱耀鑫老师去再三做工作，最后也终于同意了）。1962年9月我调到中国科学院南京天文仪器厂去后，可能是第二年起，戴文赛先生开始自己来写恒星天文学的教科书。他先写的是讲义，每隔一两个月，我就会收到一叠他寄给我的讲义。至今我还能记得那是印在极差的黄纸上的油印的讲义，他说他只寄给佘山天文台的万籁先生和我两个人。很过意不去的是由于天文仪器工作忙，我当时没有认真地读这些讲义，也没有向戴先生提出意见、建议。

今天回忆起这一段往事，包括戴先生一次次来听课，包括离开南大后收到的那一叠叠油印的讲义，心里禁不住一阵难过。

历史是曲折的，我在中国科学院南京天文仪器厂工作了41年，2003年我又回到了南京大学天文系。特别是2006年我已过70岁后，经过极努力地学习，2007年到2010年间我在南大天文系教了广义相对论和宇宙学，特别是教宇宙学时我又想起了和戴先生一起教恒星天文学的那段往事。我想戴先生如果知道我又回到了南大，特别是在教宇宙学，一定会非常高兴的。

戴文赛先生将永远活在我们的心中！

2011年12月18日

学生时期的一段回忆

在南京大学学习期间，我自己推导设计公式，和张松坡先生合作研制成功了国内第一架马克苏托夫望远镜，得到了戴文赛先生的好评，相关论文发表在1958年《南京大学学报》上。同年秋天我和范一新、黄介浩等同学提出研制一架试验性的李奥（Lyot）日冕仪，得到了数学天文系和戴文赛先生的同意。接着我们和宋慕陶、黄天衣等多位同学共同设计了这架日冕仪的光学系统。1959年春这架日冕仪研制完成，由于经费和时间的限制，它只有一个镜筒。我们提出希望把它装到系里一架德国进口的130毫米望远镜的镜筒上，到海拔3900米的祁连山朱龙关去进行试观测，得到了数学天文系领导特别是戴文赛先生的批准和大力支持，当然这和上一架马克苏托夫望远镜的研制成功是有密切关系的。当戴先生发现学生在某方面有特长时就给予他特别的关心和支持。接着数天系又和紫金山天文台联系，紫台同意合作并提供经费，共同组织了一个力量很强的观测队，由程庭芳先生带队，成员有章振大、方成、赵定理、黄介浩、章永成和我，并带了一架在专家西特尼克指导下由黄佑然等老师研制成功的日晕光度计，在朱龙关工作了12天。日晕光度计显示的日晕强度太高，要观测到日冕是不可能的，但我们看到了日珥，这是我国第一次研制日冕仪的尝试。这项工作的总结文章《日冕仪的设计、制造和试验》发表在1959年《南京大学学报》上，它对我国今后研制日冕仪是重要的参考。必须提到这项工作得到了苏联专家西特尼克先生等的指导。上述工作之后的五十多年间我国一直没有日冕仪，直到前几年才研制成功一架日冕仪，于2018年在加了5303 Å滤光器的情况下看到了日冕。

2020 年 9 月 28 日

13 | 谢谢您，戴先生！

刘彩品 | 中国科学院紫金山天文台

看到《纪念恩师戴文赛先生诞辰一百一十周年》文章中的戴文赛先生照片，想起 40 多年前木村和我到上海的医院探望戴先生的往事。

记得我和木村是在 1977 年 5 月 2 日下午到上海瑞金医院探望的戴先生，在医院一楼见的面。记得与夫人一起走过来的戴先生穿着既不像住院病人，也没有想象中的癌症患者的憔悴状；记得戴先生用闽南话说自己是漳州人，感到无比温暖和亲切（我的祖籍是漳州南靖，故乡嘉义讲的是漳州闽南话）；记得戴先生提及我们在《天文学报》上发表的有关尘埃彗尾结构的文章，说在 Sky and Telescope 杂志上介绍中国天文学研究的文章中，作者江涛先生对该文评价很高。记得告别时，戴先生握着木村的手说："谢谢你来中国工作。"那次会晤，对于戴先生的印象以及说的话记忆鲜明，却不记得自己说的话，是否讲了当时所处情况和心情。

探望戴先生是在木村离开上海的前一天，心情极坏之时。从木村申请出入境签证的 1976 年 9 月 9 日（由于是毛主席逝世日而记得）起，遇到很多想不通的事。签证迟迟不发，过半年多签发的是限期出境的签证。为买到离境期限前的唯一航班机票，带着两个小孩四人匆匆坐 11 点的夜车到了上海。到民航售票处一问，没票。当时一个星期只有一班，问下一班次也没有票。最后通过驻上海日本领事馆买到 5 月 3 日的机票。好像是故意刁难，故意让人难受。如果他是在给中国、给紫台带来麻烦，有必要在中国工作吗？那是我们当时的烦恼。

记得从医院出来后，我跟木村说过，戴先生评价你的工作，戴先生欢迎你来中国工作。第二天送木村和两个儿子到虹桥机场的楼梯口（当时的飞机是停在楼梯下几公尺远）告别时，我说："苦労させてごめんね（让你吃苦，难为你了）。"他说："大丈夫、中国で仕事するのも意义があるよ（没事，在中国工作还是有意义的）。"重忆旧事不仅感慨，戴先生的一席话似是为木村饯行准备的，在觉得孤立无援时，如果没有戴先生的饯别话，不知木村会带着什么心情离开中国。

回到南京，我写了一封信给方毅（当时的中国科学院院长），提到木村出国时的遭遇和我的疑问。不久郁文秘书长来紫台告诉我，公安局、紫台和民航的应对和处理都是土政策。他说周总理欢迎木村先生来中国工作，周总理逝世后我们还是欢迎他来中国工作。一年半后，民航安排木村坐一等舱回到上海。实际上，并不需要科学院领导出面，也不必坐一等舱，戴先生的话已经让他感到中国天文界评价他、欢迎他。他是会回来的。

在日本回忆戴先生，想象如果那时没有碰到戴先生，失望之下离开中国，由于半途而废之感，耿耿于怀心中得不到安宁，今天就不是心安理得、安详过日子的木村和我了。我们必须感谢戴先生。

在回忆此往事中，令我不解的是，我怎么知道戴先生患病？怎么知道戴先生在上海瑞金医院治病？因为当时几乎没有与戴先生接触过。1971 年年底到南京的我们，只在 1973 年朝天宫会议上见过他，而且仅是有人指着坐在前面的老先生介绍"南大的戴先生"。令我感到奇怪的是，木村和我为什么想起探望素昧平生的戴先生。那是我们在中国感到孤独和痛苦的时刻。无解之答，只能说"天助我也"。

谢谢您，戴先生！

14 | 缅怀戴先生
孙义燧 | 南京大学

佛兴校友：

　　谢谢你为母校做了件大好事。戴先生是我们的老师，是永远值得怀念和敬仰的良师。现在附上我的一篇缅怀戴先生的文章。如有不当之处请予以改正，谢谢。

义燧

　　我是1954年考入南大天文系的，戴文赛先生也是1954年从北大调入南大并任天文系主任的。那时全国只有南大有天文系，戴先生是从英国回来的，我一入学就见到了戴先生。我的印象中戴先生非常文雅，待人非常客气。当时天文的很多教材都是从俄文翻译过来的，但天体物理这本教材则是戴先生亲自编写的，可以说戴先生是南大天文系的先驱，是我们永远敬仰的良师。

15 | 真正的 Gentleman
——缅怀戴文赛教授

何香涛｜北京师范大学天文系

1963年，我有机会来到南京大学，在天文系进修了一年。在我的整个学业生涯中，这短暂的一年，很不寻常，影响了我之后的方方面面。

1960年，我从北师大物理系毕业。在毕业之前，正值1958年"大跃进"，物理系搞了一些天文学科研究，自称建造了中国的第一座太阳塔。于是，1960年，北师大正式挂牌成立了天文系。我留校当了一名天文系的老师。我哪里懂天文，硬着头皮给同学开了天文系的第一门天文课——普通天文学。到南大天文系进修，听了几门天文专业课：曲钦岳和汪珍如老师的理论天体物理，章振大老师的太阳物理，才真的知道了什么是天文学。

更为终生难忘的，是见到了一位真正的学者，标准的英国绅士，Gentleman，戴文赛先生。戴文赛先生早年留学英国，就读剑桥大学，是在英国学习天文专业的第一位中国留学生，师从爱丁顿教授（1882—1944），以《特殊恒星光谱的光度分析研究》论文，获得博士学位。爱丁顿是当时世界上最著名的天文学家，他曾到南非进行日全食观测，验证了爱因斯坦广义相对论的正确性。

进修期间，我参加天文系老师的政治学习，被分在天体物理组，每周五下午半天，雷打不动。这样，每周都有一次和戴先生见面的机会。戴先生在政治学习中，言语不多，大家侃侃谈了一大堆的学习收获和体会。戴先生总得谈几句，每次戴先生都不知所云地应付几句，说了等于没说。1963年我们刚从困难时期走过来，政治气氛比较宽松。有一次戴先生说了几句英国人对政治的态度，说英国人有句名言："政治是肮脏的游戏（Politics is a dirty game）。"当时大家都不在意，没想到在"文化大革命"中成了戴先生的一条罪状。

英国著名天文学家、物理学家、数学家和科学哲学家爱丁顿爵士

戴先生家就在天文系小楼的后面，忘记是什么原因，到戴先生家拜访过一两次。戴先生住在一栋小洋房里，二楼，夫人很热情，小孩子非常小。戴先生总是彬彬有礼，一副大学者的风范。那时，脑子中一闪，这不正是我追求的目标吗？

将门无弱兵，当时的戴先生已是弟子满门。大弟子是易照华，下面有朱慈墭、黄克谅、徐振韬、容建湘、李宗云、张明昌等，我和戴先生的弟子每个都很熟悉。进修期间，和黄克谅、容建湘住在同一宿舍。南京大学的南园第12宿舍，当时的生活条件很差，喝开水还要到大街上的茶楼去打，2分钱一暖瓶。印象最深刻的一件事，黄克谅的毕业论文答辩，大概是在1963年年底，答辩委员会主任是龚树模，答辩委员有贺天健先生。没想到答辩过程中，贺先生呼呼大睡，龚先生不得不把他推醒。一觉下来，每人得20元答辩费。当时的20元，大概有现在的2000元。

南京的冬天和夏天都不好过。尤其是夏天，热得都怕开灯。更可怕的是，天气越热，臭虫越厉害。我们曾捉到6、7毫米长的臭虫，怪不得日本人把臭虫叫作"南京虫"。在南京大学进修期间，还展示了一下我的乒乓球才能，获得了全校教工乒乓球冠军，代表南京大学征战上海、苏州和无锡，并帮助天文系从乙级队升为甲级队。不过，天文系有一个学生叫郑家庆，他的水平太高了，三届江苏省乒乓球冠军。我和他打，21分制，每局都过不了10。进修一年多，离开南京大学，和戴先生不再经常见面。记得在北京开过一次天文学大会，他带着弟子朱慈墭，朱在大会上做了一个大型报告，很受重视。

  "文革"十年间，也曾到南京出差，但一次都没见到戴先生。听说天文系的师生对戴先生还不错，运动中没有受到太大的冲击。打倒"四人帮"后，知识分子又迎来了新的春天，备受鼓舞。大概是1977年，南京大学天文系组织了一个广义相对论讲习班，由戴先生亲自挂帅，邀请科大方教授主讲相对论。除了南京大学天文系的师生听课，还邀请了全国各地的人。由于是方先生讲课，听课者很踊跃，戴先生亲临课堂，大家很是感动。戴先生高兴之余，还自掏腰包，宴请外地代表，宴请设在南京最有名的饭店之一——大三元。当时，大家少油水，又都比较年轻，戴先生点的菜居然没有填饱肚子。戴先生宴请之后，大家商定回请一次，每人出2元钱，饭店设在曲园。曲园也是南京有名的饭店之一。由我和科大的程福臻去操办。饭店听说来吃饭的都是大知识分子，已退休的厨师长亲临。他告诉我们，当年刘少奇在这里吃过饭，他的徒弟，很多在大饭店和大使馆工作。吃饭那晚，上的菜果然不同凡响。一个菜叫"轰炸东京"，其实就是三鲜锅巴，当时的我们都没有吃过。最后赠送了我们一个大蛋糕，我们请服务员拿把刀子。被告知不用了，已按人数切好，上面只是浇了一层奶油花样。我们的一些青年人，吸取上次在大三元没有吃饱的经验，从第一道菜开始就暗自加油，最后，居然有两位年轻人撑病了。一位年轻人到南大校医院去看病，对大夫说："你让我吐了吧，我吃的太多了。"

  最后一次见到戴先生，他已经躺在病榻上。得知戴先生得了重病，我们特意去医院看望。戴夫人告诉他，某某某来看你来了，戴先生一语不发，静静地躺在那里。人到垂危，都是很痛苦的，但戴先生却依然那么淡定。呜呼，一代真君子，以君子的身世来到这个世上，以君子的风度走过自己的一生，离开这个世界，也绝不失一点君子风度。一位真正的学者，一位真正的Gentleman。

16 凝聚中心

刘汝良 | 中国科学院紫金山天文台
张明昌 | 南京炮兵学院

"凝聚中心"——一片浓雾（比喻当年中青年学子）必须以一颗尘粒为核才能形成雨滴（组织出成果），是我们当年对新华社女记者古平首先引出的术语。

在1970年代初，搞学问、做科研不仅需要极大的勇气，也要冒很大的风险。但戴文赛却无私无畏，总想尽快地把被耽误的时间夺回来。于是他冒着风险，召集了南京大学天文学系和紫金山天文台的一些中青年，一起对天体演化中的一些学术问题进行攻关。他们从调查研究入手，进而进行探讨。常常是一人负责一个专题，定期轮流向大家做讲解。在介绍、讲解之后，大家提问题，再一起讨论、争辩，最后达到大家都对某问题有了较好的理解。1973年5月，这个"演化小组"终于公开亮相了。在戴先生的积极推动下，他们在南京朝天宫（当年南京市科协所在地）召开了一个"天体物理讨论会"。通过这次会议，先生周围已不再是几个人的小组，不仅是人员数量上的简单增长，研究的内容也大为扩充了，于是"天体演化小组"也就成了"天体物理讨论班"。1975年9月，他们在南京江苏饭店举行了"全国天体物理讨论会"。由于参加者日益增多，所以在这次会议上，大家决定把原先的讨论班按地区正式分为"南片"和"北片"。

这一系列学术活动的实际意义还远远超出了天文界，因而也受到了中国科学院的高度重视。尤其是1976年的两次"天体物理讨论会"，更是意义非同凡响。第一次仍在南京朝天宫举行（2月），向大会提交的17篇论文得到了中科院的高度评价。第二次是于7月在合肥市召开，戴先生在会上坦率地发表了自己的观点。

常识告诉我们，雾要成为雨滴，需要"凝聚中心"。很多科研人员都希望把失去的时光捞回来。戴先生竭力组织南片天体物理讨论班，扩大到合肥科大、北台北师大、上海台、云台以及全国各地的天文工作者。我并不是南大"科班"出身，也没听过戴先生教导，一直在紫台搞恒星方面的工作。"星系的结构及其演化"，这是1973年年初戴先生一开始就提出的，作为总的方向（大概这个意思）。先生看到我思想活跃，语言生动（有些比喻不严肃或出格，先生都会之后私下提出），第一次会后，他主动与我讨论星系冕，把它成文，并和胡佛兴、我三人一起成立"星系结构及其演化小组"。以"星系的质量和角动量的分析"作为研究起点，并在后来成文发表。他都是主动与我们联系，引我们入门（我们以前均未独立写过科学论文）。可惜不到两年他病了。

记得新华社一位女记者古平专访我，我就讲戴先生的伟大，不仅他治学严谨，甚至帮我改论文中的错字，更能诱导年轻人与中年人。在当时群龙无首、一盘散沙的状态下，戴文赛就犹如一颗尘埃把饱和的浓雾凝聚成雨滴。戴先生就是名副其实的"凝聚中心"。

17 怀念戴先生

范一新 | 中国科学院紫金山天文台

文赛先生离我们而去已有四十一年了①，但他的音容笑貌，言谈举止，仿佛穿透时空的阻隔，不时在我脑海中萦回，久久不能忘怀。

记得第一次见到文赛先生是在系办公室。当时我见到了一位带有西方风度的长者：发顶微谢，鼻梁挺直，仪表朗洁，神情肃穆。他目光透过金丝眼镜正凝视着天球仪，深邃而专注，丝毫未察觉有人进入。我的敬畏之情骤升。为了不打断先生思考，我悄然离去。我想，这就是毅然辞别了世界著名的天文学家爱丁顿，回南大数天系任教的戴先生了！欣喜之情油然而生。没有想到的是，天文基础课"普通天文学"竟是戴先生亲自任教，曲钦岳、黄佑然老师负责辅导课，郑宁英老师任班主任。这是当时天文专业最强的阵容了。如此重视基础教育，实在是戴先生卓有远见、和近年来有些高校只重科研不重基础绝然迥异

---

① 本文作于 2020 年。

的学风。经过戴先生的亲自教授，我们都发现戴先生是一位和蔼可亲、虚怀若谷的长者，丝毫没有大学者的架子和傲气。他谆谆传教，旁征博引，鞭辟入里，深入浅出，同时也富有生趣，深得大家的爱戴。他曾说过，一般人们都认为天文学是一门高深冷僻的学科，和社会、生产、生活无多大关系，但只要和任意其他行业的人随意交谈，不到三五句，就能涉及天文学。这给我的印象很深刻。后来我在天文科普的交流工作中得到了印证。戴先生知识的渊博，可见一斑。

1958年全国高校"勤工俭学"的热潮中，天文系同学创办了光学仪器厂，得到先生的热情支持。有一次，我正和同学们介绍测量球面半径的球径仪时，戴先生带领系里的老师突然来教室"听课"。先生坐第一排，神情专注，并认真做笔记，这使我十分尴尬。在听到我用刚学过的微分方程来分析球径仪测量球面的误差时，戴先生点头赞许。事后他对我说："没想到磨制天文镜面的普通劳动中，也能用上高等数学作为指导，并学以致用，值得我们学习。"这使我十分惭愧。

在戴先生的鼓励和支持下，苏定强等在南大设计并制成了全国首架马克苏托夫望远镜，在简陋的木制三脚架上制成了高精度平面，深得来南大参观的德国蔡司厂工程师的赞许。后来他们又设计并研制了日冕仪，并组织到祁连山，观察到了日珥（因当地日晕强度大大超过了日冕强度而未观察到日冕），稍后又开始设计"干涉偏振滤光器"。记得定强在做设计报告时，紫台一位权威学者面露不屑的神态，这与戴先生倾力热情支持真是有云泥之别。滤光器的研制终于在天仪厂获得成功，使中国成为少数能制造滤光器的国家之一。在全国高校"勤工俭学"先进单位评比仅有的三个先进单位中，南大光学仪器厂就占了一席之地。

在参加研制日冕仪和滤光器后，我萌发了研究太阳物理的兴趣和愿望，我也曾和戴先生说起此事。先生遇见我几次对我说："天文仪器研制很缺乏人才，你去是很合适的。"得到先生的启示和鼓励，坚定了我一生从事天文仪器研制的决心和信心。遵先生的教诲，毕业后我终身从事天文仪器的研制工作。

先生早年即为极少数著名天文学家，声望卓著。除繁忙的科研和著书立说外，后半生精力几乎全心倾注在天文教育上。他诚笃诚执，尽心尽忠，晚年重疾缠身仍不遗余力，鞠躬尽瘁。在他的精心教诲下，从初期寥若晨星的天文学子到后来大批天文界英杰的涌现，他付出的心血是巨大的，影响是深远的，功绩是卓越的，恩情是无限的。如果说紫金山天文台是中国近代天文学的摇篮，南京大学天文系则是新中国天文人才的摇篮。先生不仅是天文界杰出的先哲，亦是我们心目中的伟人。

1979年，得知戴先生过世的消息，我很悲痛。从苏北响水赶来参加先生的追悼会。痛定之余，泣成悼诗一首，以呈祭奠。

悼文赛先生

桃李已逐江南春，忍听悲鼓传丧音。

碧海最解精鸟苦，白首坚信马列真。

沥血已许心报国，挥毫岂顾病缠身。

九天回望应霁颜，河汉遥看气象新。

先生去世后，人数不多的南大天文系竟然出了五位科学院院士，多位大学校长、天文台台长、大量天文（包括其他学科）骨干，在各自领域内发挥领军和主力作用。更主要的是继承了优良的学风：基础厚实、治学严谨、脚踏实地、不浮不夸、富有创新精神，深得先生真传。就我所知，从事天文仪器研制领域中有天文系毕业生：李德培、胡宁生、苏定强、李挺、王亚男、羿美良等，阵容可谓强大。我国的天文仪器研制从无到有，创新突出，成绩斐然，令世界同行刮目相看。先生如有知，当笑慰于九天了。

云山苍苍，江水泱泱。

先生之风，山高水长。

2020年10月28日

18 | 戴文赛先生与太阳塔

方成 | 南京大学

太阳塔是塔式太阳望远镜的简称。世界上最早的太阳塔是美国著名天文学家海尔（G.E. Hale）在 1908 年率先建成的。这种装置在塔的顶部安装一组定天镜，将太阳光垂直向下反射，使之进入太阳光谱仪等光学系统再进行观测。这能大大减弱地面上升热气流对观测带来的不良影响，因而大大提高太阳观测的质量。在海尔这一开创性工作之后，世界许多国家的天文台纷纷建造了太阳塔，然而中国直到 1950 年代末却还没有一座太阳塔。

1958 年，天文系的师生热情高涨，要努力赶超世界科学技术的先进水平，提出建造中国第一座太阳塔。这一计划得到了时任系主任的戴文赛先生大力支持，他亲自向学校领导汇报并得到学校领导和高教部的大力支持，该计划作为高精产品研制项目列入了国家第二个五年计划。当年，苏联莫斯科大学的太阳物理专家西特尼克正好被邀请访问天文系。在他的帮助下，系里组织了曲钦岳、章振大、张承志等老师，加上一批年轻的大四学生开始了这项工作。但是，这项工作才开始不久，正好遇上中苏关系恶化、苏联专家撤走，加上1960年国家经济困难，项目不得不停顿下来。这是太阳塔研制的第一次起和落。

1963年困难时期刚过去，在戴文赛先生的支持下，太阳塔的研制又被提上议事日程，设计工作又开始了。1965年，天文系邀请了浙江大学精密光学机械系部分师生到南京大学天文系作为生产实习，参加了太阳塔的设计工作，太阳塔的研制再次走上正轨。但到了1966年，"文化大革命"开始了，太阳塔的研制再次被搁置起来。这是该项目的第二次起与落。

1973年，大学校园逐渐恢复正常化。在戴文赛先生的支持下，天文系决定继续研制太阳塔，并任命我为太阳塔研制组组长，组员包括黄佑然、陈载璋、倪祥斌、寿大祯等人，以后又先后有一批年轻的老师参加。在全组人员的团结努力下，完成了光学、机械和电路设计。但是，由谁来承担如此复杂仪器的制造又成了一个大难题。戴文赛先生亲自出马，通过学校领导找到时任江苏省委书记的彭冲汇报工作，得到彭书记的大力支持，决定由省工业厅下文要求南京市工业局具体安排了南京加工力量最强的五个工厂分别承担太阳塔各部件的加工任务。后来，在南京市委、市政府的支持下，解决了太阳塔在中山陵孝陵卫陵园区征地的问题。

1976年开始基建，1979年春开始了太阳塔的光机电总装，到了这年9月终于得到了太阳像和太阳光谱，大家激动的心情真是难以用言语表达。但是，就在太阳塔即将建成的前夕，戴文赛先生已经病重，从上海瑞金医院回宁后住进了南京军区125医院。这个医院就坐落在中山陵园区。一天，我去医院看望戴文赛先生，并向他汇报了太阳塔建设的进展情况，他非常高兴，坚持一步步地走到病房中的窗前，面向太阳塔的方向，露出了欣慰的笑容。他一字一句地勉励我们一定要把太阳塔建好，为国争光。他的诚挚、关怀和教导令人终生难忘。

南京大学天文系建造的我国第一座太阳塔

19 | "真正最了解的是你自己"

彭秋和 | 南京大学

戴先生对我的帮助和鼓励

我在1978年2月从北京大学调到南京大学工作。作为北京大学的教师，我参加了由戴先生发起、组织的1975年上半年的南京"南片天体物理讨论会"、1976年7月28日在合肥召开的南片第二次"天体物理讨论会"和1977年在戴先生的倡导下于南京大学开展的第三次南片天体物理大型活动（趁此机会我单独给部分感兴趣者详细讲解星系的密度波理论）。南片这三次会议我都参加了。

1975年南片讨论会在南京"江苏饭店"举办。会议上给我留下最深刻的印象是龚树模先生。我在会议上详细讲解了热力学原理，纠正龚树模先生有关"热力学可能不适用于引力系统"的看法，使龚先生当场很尴尬。可是他当晚到我旅馆房间非常谦虚地"请教"，而且在1984年他主动地推荐我到荷兰访问两年，这表明了龚树模先生高尚的人品。

戴文赛先生对我有较深刻的帮助与鼓励至少有如下三次。

一、我在南京大学数学天文系当学生时，戴先生给我们班开设"恒星天文学"课程。毕业前我参加了戴先生直接组织与指导的"恒星演化小组"，主要学习他的太阳系演化观念。1960年寒假期间，他给我布置了一个任务：将半本有关太阳系演化与陨星的俄文专著翻译出来。由于春节期间我回重庆老家探亲，时间紧迫，而且我俄语也不太好，最后向戴先生交去翻译的文稿，我估计他并不满意（因为连我自己也不满意）。

二、1961年，当戴文赛先生到北京参加"社会主义学院"学习（一年）期间，我曾去看望过他两次。当我向他汇报我在北京大学除了教学工作外，全力正式选修北大物理系各门理论物理专门化课程时，他非常高兴地鼓励我、支持我对这些理论物理专门化课程的学习。他说："将来这些理论物理专门化课程必定会对你进一步深入理解天体物理学的理论有很大的帮助。"

他还对我讲述了当年他读大学时，由于老师不懂，微分方程完全是自己学习。自己给自己出考试题，100分。他对我说："你现在正在学的理论物理，我们都不懂。你将来会把中国的天文研究水平向前、朝国际先进水平推进一大步。"

三、1978年我调到南京大学后，到孝陵卫125医院去看望患病中的戴文赛先生时，向他汇报了我这几年做的一些科研探讨（当时主要是关于旋涡星系的厚度效应以及对密度波理论的探讨，向他请教）。他明确地对我说："你做的科学研究工作，真正最了解的是你自己。只要你是认真严肃地处理每一个环节，你就不必担心权威的挑剔。"几十年来戴文赛先生的这段话就紧紧地印在我的脑海中。所以，后来我许多次在国际上当着各式各样的学术大权威（例如国际著名天体物理学家Salpeter、M. Rees、Ruderman、Vander Heuvel、Woosley等人）的面，我都敢于用结巴英语讲述我的科学研究独特的新想法。1994年Salpeter在宴请我时曾专门问我："你究竟是学天文的，还是学理论物理的？"1994年我在访问加州大学Senta Cruse分校期间临时参加了由著名核天体物理学家Woosley组织的全由博士后（Post-Docter）参加的学术讨论会，会议最后的半个多小时（Wooslley 临时安排）容许我简短地介绍我的三项研究工作。由于我使用了不同的理论物理观念，想不到 Woosley 不断地插话，向那些对理论物理知识功底不深的年轻天体物理博士后讲解我涉及的理论物理观念。

英语很差的我，之所以能够大胆地在"大权威"面前冷静地慢慢讲述我的学术观念，完全是植根于戴文赛先生的指点和鼓励。

20 | 仰望星空，探索宇宙奥秘

胡中为 | 南京大学

　　戴文赛教授是中国现代天体物理学、天文哲学和现代天文教育的主要开创者与奠基人之一。1911年12月19日生于福建龙溪（今漳州市），1979年4月30日卒于南京。他毕生致力于天文事业，1937年留学英国，1940年获得博士学位。1941年9月回国后，历任中央研究院天文研究所研究员、燕京大学教授。新中国成立后，先后任北京大学教授，南京大学教授、天文学系主任，国家科委天文学科组副组长，中国天文学会第一、第二、第三届理事会副理事长。戴先生毕生孜孜不倦地开展学术研究、天文教学和科普工作，为开拓和发展中国的天文事业做出了重要贡献。1978年12月加入中国共产党。1994年，国际小行星命名委员会命名编号3405小行星为"戴文赛星"。笔者有幸成为他的学生和晚年助手，深受教诲，在此谈谈个人所知的戴先生事迹和亲身经历

本文为胡中为于2011年为纪念戴文赛先生100周年诞辰所作，原载于《自然杂志》2011年第33卷第5期。

的一些感受，以表达深切的缅怀。

博学钻研　著书立说

戴文赛在留学之初就已显露才华，获得剑桥大学的天文学奖学金，博士论文《特殊恒星光谱的光度分析研究》被专家认为是恒星光谱分类的新依据，是近代恒星物理的一项开创性研究。他先后在英国皇家天文学会会刊（MRAS）发表4篇恒星光谱研究论文，20年后这些文章仍被引用。1941年回国后，由于当时条件所限，研究工作中断十多年。1954年，他到南京大学天文系后，带领年轻师生开展恒星天文研究，发表了多篇恒星天文方面的论文。1965年，出版著作《恒星天文学》。

1951年，戴先生开始关注天体的演化。1956年制订中国科学规划时，他自告奋勇地承担天体演化的课题，以建立天体演化的中国学派为奋斗目标。广义上说，天体演化往往也包括天体起源。天体起源是指某天体在何时、从什么形态的物质、以什么方式形成的。当物质从先前形态发展到某种天体形态时，这个天体就形成了。狭义的天体演化是指天体形成之后又经历怎样的演变过程。

研究天体演化，需要充分地收集有关资料和理论，进行整理、比较、分析、综合，找出它们之间的真实联系，提出假说和理论，而且需要用观测资料来检验导出的结果。无论凭空臆造的假说如何美妙和自圆其说，毕竟不会是天体的真正发展史，会被扬弃。戴先生历经20多年的调查研究，1977年出版了《天体的演化》一书，书中主要概括前人的研究成果，也提出了一些自己的看法。

太阳系起源是天体演化的第一个著名课题。1755年，德国哲学家康德匿名出版了《自然通史和天体理论——根据牛顿定理试论整个宇宙的结构及其力学起源》（中译本书名《宇宙发展史概论》），第一个提出了科学的太阳系起源星云假说：太阳系的所有天体是从一团弥漫物质（星云）通过万有引力作用逐渐聚集形成的，以矛盾运动（排斥和吸引）来论述星云的内部形成太阳、外部形成行星等天体及轨道运动，等十多个问题。但该书当时印数不多，直接影响不大。1796年，法国数学力学家拉普拉斯在《宇宙体系论》的一个附录中，独立地提出另一种太阳系起源星云假说：太阳系由一个转动的气体星云收缩和凝聚而形成。由于角动量守恒，星云收缩过程中自转变快，惯性离心力变大，形状变为扁盘。当星云外部气体的惯性离心力变到抗衡所受引力时，就不再参与收缩而留下来，形成转动的环体。继续收缩中，多次重演这样过程，形成几个环体。后来，星云的中心部分形成太阳，各环体聚集而形成行星，行星周围重演类似过程形成卫星。由于拉普拉斯的学术声望，他的星云说广泛流传，因此康德的书于1799年重新出版，从此星云说盛行达一个世纪。星云说在"宇宙不变"的僵化自然观上打开了第一个缺口，建立起演化观，深远地推动了自然科学和哲学的发展。

随着对太阳系的认识和研究加深，到19世纪末开始批评星云说，因其无法解释太阳系角动量的特殊分布，即太阳占太阳系总质量的99%以上，而太阳的角动量却只占太阳系总角动量的1%以下。20世纪初相继提出多种灾变假说，认为某个事件（走近的恒星引起太阳大潮；恒星撞击太阳；太阳爆发）使太阳分出物质来形成行星，行星分出的物质形成卫星。虽然灾变假说可以克服太阳系角动量问题，但后来证明分出过程不够有效，且分出的热物质易扩散而难于聚集成行星。于是，又出现俘获说，例如：施密特认为，太阳从经过的星际云俘获部分物质而形成星云盘，盘中质点碰撞结合成凝聚的陨星，陨星碰撞结合成行星和卫星；乌尔夫逊提出，太阳从走近的原恒星拉出物质，俘获为绕太阳转动而形成行星等成员。但更多的人转向探索新的星云假说。

历经300多年的探讨，太阳系起源问题仍众说纷纭。主要困难在于只有一个"样品"，而且所了解的是经过严重演化后的现状，缺乏早期资料，只能从不充足的资料和理论去探讨那遥远过去的复杂形成过程，这无疑比考古学还要困难得多。戴先生认识到太阳系起源研究的重要意义，在调研大量有关资料和理论的基础上，评价40多种学说，进行了一系列研究，力求较全面、系统、有内在联系地论证太阳系的形成过程，阐明太阳系主要特征的由来和各类成员的起源，建立了自己的星云说。

戴先生依据恒星形成的观测资料和理论，发展了康德-拉普拉斯关于太阳系由同一原始星云形成的基本论点，论证了原始星云是星际云瓦解的一个小云，一开始就有转动并自吸引收缩，中心部分形成太阳，外部扁化为星云盘而通过星子聚集方式形成行星等成员。对于原始星云的由来及其质量和角动量、星云盘的结构、星子和行星的形成、行星的轨道和自转、提丢斯波得定则、行星的大小和质量分布、卫星和环的形成、冥王星及其卫星的起源、小行星的起源等问题进行了有自己特色的论述和推算（见《论太阳系的起源》和《中国科学》1980年第3期）。他的学说获1978年全国科学大会奖。

戴先生晚年还计划进行更深入的研究，并着手撰写专著《太阳系演化学》，为学子了解该领域的进展和研究作参考。临终前还亲自审定了上册原稿，并于1979年出版。戴先生去世后，我们按照他原定大纲编著了下册，于1986年出版。虽然近30年来，太阳系演化研究有了更大发展，但他的学说和专著经受住了历史考验。遵循他追逐研究进展和更新该内容的遗愿，笔者经多年努力编著的新编《太阳系演化学》，终于在2017年出版。

戴先生晚年还开始了星系的演化研究，尤其是"星系的质量和角动量的分析"受到国外的高度评价。虽然经历几次政治运动，他仍做出很多研究成果，1990年出版的《戴文赛文选》收录了他的重要研究成果。

天文学与哲学有密切关系，戴先生自觉地运用唯物辩证的观点和方法指导研究，撰写多篇自然哲学论文。尤其是1962年首先提出"宇观"的新概念，为国际交流提出英文新词汇"Cosmoscope"（宇观）

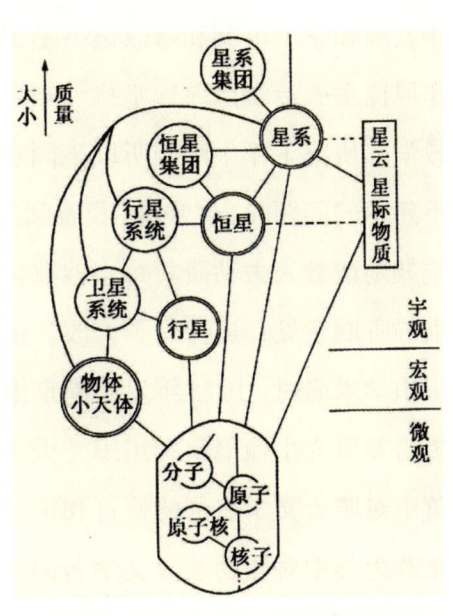

宇观、宏观、微观及各类物质客体的层次

和"Cosmoscopic"（宇观的），发表《宇观的物质过程》《宇观过程的特征》《试论物质系统的层次》《微观、宏观、宇观》等多篇论文，阐明微观、宏观、宇观的物质客体和物质过程之间在量与质方面的差别和辩证关系。宇观具有重要的科学意义和哲学意义，逐渐得到学术界的赞同和深入研究。

孜孜不倦　奉献天文事业

戴先生为发展中国的天文事业做出了重要贡献。他积极参加全国天文规划的制定，并努力带头实践，就是晚年在医院治病中还为制定天文规划连写了4封长信，提出设想和建议。

戴先生忠诚教育事业，以身作则开展"传帮带"，培养新一代天文人才。1954年他到南京大学时，天文教师不到10名，半数是刚毕业不久的青年，课程设施和教学计划处于创建时期。他组织制定符合中国情况的培养计划和专业课程计划，翻译和编写了一系列教材，如《普通天文学》《理论天体物理学》《天文学教程》《天体物理学方法》等。他亲自讲授多门基础课和专业课，带实习，指导青年教师开课和科研。尽管自己的教学和行政工作繁忙，但总是亲自为青年教师和学生审阅和修改读书笔记和论文，甚至不放过每个不适当的词语。他作风民主、治学严谨，坚持"知之为知之，不知为不知"的实事求是态度，在教学和研究工作中耐心听取不同意见，发现别人的长处，鼓励进取。当请教他不熟悉的问题时，他常说"我查阅文献后跟你讨论"，或者建议去请教熟悉的人，或鼓励请教人去钻研。每当他取得研究结果，在论文发表前，先向大家报告，虚心听取意见，进行完善修改。他为组织天文学术活动做了大量工作，倡导并组织学术研讨，1975年发起南京地区天体物理讨论班和天文界南片学术活动。为培养研究生他倡议和组织《天体物理丛书》的编著。他积极地参与和领导俄英中对照天文学名词的修订和审定，提出很多真知灼见，该成果经美国天文学家改为英中对照的《天文学名词》已由哈佛大学出版。他为促进国际的天文学术交流付出很多心血，1977年在晚期癌症住医院治疗时还坚持参加首批美国天文代表团的学术交流活动，他流利的英语和学术专长增强了交流效果。

戴先生不愧是中国天文界的伯乐，推荐了很多人才和论文。几十年来他直接或间接培养造就了大量人才，其中很多已成为天文界的骨干力量，乃至数名中国科学院院士，把中国的天文研究推向世界先进水平。

日月经天，斗转星移，天文学跟人类生活和科学技术有密切关系。正如清代学者顾炎武《日知录》所写："三代以上，人人皆知天文。"天文概念和思想是普遍需求的，天文学有特殊魅力，可以和人们最感兴趣的最基本问题产生共鸣。天文知识的传播和普及有益于人们，尤其青少年树立科学的宇宙观和认识论、提高科技文化素质。戴先生一生做了大量科学普及工作，他以渊博的学识、生动的语言、深入浅出地写了很多科普文章，把深奥的天文知识传播给广大群众，对破除迷信、解放思想起到很大作用。《星空巡礼》（1947）、《太阳和太阳系》（1951）、《天文知识》（1953）、《星际旅行》（1957）、《戴文赛科普创作选集》（1980）选编了他在天文、数学、物理、航天、自然辩证法等方面的文章。他经常辅导天文爱好小组活动，多次亲自带领中小学生认识星空，讲解天文故事。他回复了天文爱好者的大量来信，热情接待来访者，有时还招待饭食，甚至资助路费，可自己的生活却很简朴。他跟很多天文爱好者交了朋友，发掘人才，有些在他的关怀下走到天文工作岗位。正如献给他的一首诗所写的："他是人民的天文学家。"

品德高尚　百世流芳

戴先生一生中大多处于社会动荡时期，但他矢志不移地坚持爱祖国、爱科学、爱天文事业，几十年一贯地兢兢业业，励精图治。

戴先生获得博士学位后，爱丁顿教授曾热情挽留他在剑桥继续工作，但是他婉言谢绝了，他渴望能让自己的学识为祖国服务。那时，祖国正遭受日本军国主义侵略，他乘船长途跋涉到了昆明。虽然担任天文研究所研究员，实际遭遇比他归国前预计的还要糟，无法进行真正的研究工作。抗日战争胜利后，他只好转到燕京大学讲授数学。他走的正是一条他那个时代的许多知识分子走过的道路。他们怀抱着科学救国的理想，盼望自己的祖国进步富强，但在残酷的现实面前，他们的理想抱负全都化成了泡影。他最热爱的毕竟还是天文，于是开始写些科普文章。当新中国成立以后，才逐渐获得了施展才学的天地。他是北京的大学生天文爱好者组织的导师，为他们主持天文讨论班，为建立北京天文学会奠定了基础，一些成员后来成为天文专家。同时，他为一些机关学校做天文报告。1953年，戴先生作为抗美援朝慰问团分团长，访问朝鲜所见所闻的英雄事迹使他激动不已。由于高校院系调整后，天文专业合并到南京大学，教师仍很缺乏，于是，戴先生于1954年自告奋勇地来到南京大学。

1956年，笔者那时在高中学习，热爱天文，看到南京大学天文专业和先生向科学进军的报道，怀着憧憬，从东北跨区考入天文专业。在新生欢迎会上，意气风发的戴先生做的报告深深感染和激发了我们的学习热情，让我们认识到天文专业的数学和物理基础课是很重要的。戴先生很重视培养师生的独立工作能力，大胆地提携青年教师负责一些天文课讲授，这在其他专业是少有的。学生也经常参加天文学术活动，自己研制天文望远镜，戴先生有时也来参加，有几位学生后来成为开创科学院天文仪器厂的骨干。1958年，在戴先生领导下，苏联专家指导师生设计中国第一个太阳塔（塔式太阳望远镜）。笔者毕业留校任教后，跟戴先生在一个教研组，直接接触戴先生的机会多了。他分配教学任务时总是很民主，征求大家意见，给予说服、鼓励和指导，发挥积极性，进到教学科研第一线。戴先生是非常勤勉的，尽管他总是很忙，但经常看到他在图书馆查阅资料和记笔记，这也是一般师生容易随时向他请教的时候，他像"活字典"一样以渊博的知识给予指点。

在1973年后，花甲之年的戴先生恢复职务和科研工作，他焦虑的是如何在有生之年把耽误的时间弥补回来。他心怀坦荡，不怕风险，首先倡导和组织南京的天文学术研讨活动，后又扩展到"南片"，使中国天文界迅速跟上国际的步伐，取得了一系列研究成果。1977年，戴先生征求领导班子及笔者个人的意见，让笔者当他的助手，笔者更直接得到他的教诲和体验到他的高贵品德。那时，戴先生同时领导几个研究小组，还要为发展天文事业当伯乐推荐人才，为提高天文教育操劳，日夜的繁重工作使他积劳成疾。他不愿耽误时间去大医院检查，在小诊所拿点药吃，就又投入繁重工作。他让笔者查大量新资料并翻译重点论文，然后仔细地批改，甚至错别字都不放过。在研究中，有时笔者提出些问题和不同看法，他给予指点并鼓励大胆和仔细深入研究。那时没有计算机，要做大量的手算。为准确到三四位有效数字的计算结果，笔者用六位数的对数表，而他自用七位的算出整齐清晰的一大本，力求结果的可靠性。看到发现冥王星卫星的信息，他十分兴奋，连夜拟就研究提纲，指导我们完成了冥王星及其卫星起源问题的研究。他在病情严重后，不得不到上海医治，可惜已经到了癌症晚期。他和我们都避讳提到癌症。陪护他手术治疗到去世的一年多期间，他在精神好一点时，想的总是天文事业，顽强地做了大量工作，指导我们修改了《太阳系演化学（上册）》书稿，完成两篇论文，写全国科学大会的报告、南京大学校庆大会报告。他还亲自在校庆大会做了部分报告，参加美国天文代表团访华学术交流，写天文规划的建议，编制《天体物理丛书》编著计划，给天文界同仁写了很多信。就是在他去世的前两天，还跟我们讨论《中国大百科全书·天文卷》部分条目的编审。他就是这样生命不息，耕耘不止。戴先生奉献科学的精神、高尚的品德感人至深，流芳百世。

21 | 先师风范
——深切缅怀恩师戴文赛先生
黄克谅 | 南京师范大学

我于 1960 年秋由当时的数天系指派并通过考试成为戴文赛先生的研究生，攻读三年于 1964 年春毕业，至今已半个多世纪了。回想起当年处于困难时期的研究生生活，特别是戴文赛先生对我们研究生的培养和教导，真是感慨万千。

戴先生学识渊博，兴趣广泛，自 1950 年代后期起，他的主要研究兴趣转到太阳系的起源和演化。但他并不要求他的学生一定要在这个领域工作，他非常尊重学生的选择。他对待研究生培养工作认真负责，任劳任怨，特别鼓励研究生的创新，注重培养研究生的独立工作能力。

我的同窗徐振韬先生喜欢太阳物理，但这个领域并非戴先生所长。为了培养他，戴先生特选了一些英文文献供他阅读。但徐振韬是学俄文的，英文不熟练，为此，戴先生规定他必须将英文文献翻译成中文，同时亲自修改，帮助他提高英文水平。一段时间后徐振韬便可熟练阅读文献，并在戴先生的鼓励和指导下，通过广泛的调研确定了自己的研究方向。

我的师兄朱慈墭先生选了计算旋转恒星的亮度作为毕业论文课题，在只有手摇计算机和对数表的1960年代初期，这是一个困难的课题。在戴先生的支持和鼓励下，朱慈墭先生顺利完成了论文，发表后被国内外同行引用，成为当时天文系难得一见的优秀成果。

1960年代初期数天系内部有一个讨论班，由几何代数组和天体物理组的教师共同研究广义相对论。但当时天体物理组的老师并不想深入进行研讨，戴先生就鼓励我学习广义相对论，请数学系的老师（已记不清具体人）介绍选了一本英文版《广义相对论》要我自学。我埋头苦读了数月，初步了解了广义相对论，为以后的研究工作打下了基础。戴先生非常关心我的研究工作，当他得知我的兴趣在 Be 星（B 型发射星）时，立即拿出他当年在剑桥大学得到的仙后 γ 型星的光谱供我使用，对我的研究工作起了极大的推动作用。可以说，没有戴先生的悉心指导和鼓励，我是很难完成研究生学业的。

1964年年初，我研究生毕业后留校任教，成为戴先生的同事，直至1979年戴先生逝世，我们之间的接触就更多了，有些往事印象较深，记忆犹新。在这15年间发生了"文化大革命"，戴先生也被卷入。尤其是在1968年为了确保南京长江大桥在12月26日前建成通车，我们都被派去建造大桥。当时的工宣队将人分为三六九等，像戴先生这样被审查的人不允许上桥面，只能留在地面干活。不幸的是，他在干重体力活时跌断了腿，被教师、红卫兵押送回校，由于没有及时妥善医治，落下了腿疾。

1969年戴先生又随大家一起到溧阳果园南大农场，边劳动边接受审查。当时，不足100人的小小天文系就有三人死亡，包括容寿铿副教授、朱耀鑫先生和一位学生。但是戴先生很坚强，经受住了磨难，挺过来了。

1972年戴先生同我们一起回到了南京，开始恢复教学、科研等工作。尽管政治环境依然恶劣，但大家可以搞业务活动了，所以热情很高。鉴于戴先生的学识、人品和威望，很快大家自发地团结在戴先生周围。在戴先生的带领下，我们开展了学习、调研、交流和编教材等活动，学术氛围很好。特别是随着陆埮、彭秋和、容建湘、张明昌、李宗云、初一等先生的引进和回归，恒星组空前热闹，并成立了天体物理研究室，由戴先生任主任。

大约是1974年，中国科技大学的周又元先生等来南京访问戴先生。经戴先生倡议，由南大、科大、紫台、沪台、云台等协商成立了南片天体物理研讨会。1975年起，在南京等地开过几次会，影响很大。我印象最深的是1976年在合肥开的那次会。当时，与会者很多，特别是有几个北京来的，不是天文学家，从他们的谈吐可看出，他们是来"钓鱼"的，许多朋友担心戴先生会上当，建议我们找戴先生谈谈，提醒他别上当。我和朱慈盛两人去找了戴先生。其实，戴先生还是很敏感的，他也看出那几个人的不怀好意。他说："一定要把学术同政治区分开来，学术上一定要坚持真理。当然，讲话时也要掌握分寸，别被抓住把柄。"第二天，戴先生只做了简短发言。没想到忽然传来唐山大地震的消息，搞得人心惶惶，特别是来自北京的，急于回去。会没法开下去，只能提前结束，但是戴先生的高风亮节给我们留下了很深的印象。

戴先生十分关心年轻人的成长。他鼓励我们编写教材，在他的支持下，我写了《恒星物理》《非热致辐射理论》等教材。1976年，全国形势呈现出一派欣欣向荣的景象，为了促进中国天文事业的发展，戴先生更希望能组织出版一套适用于研究生和学者的《天体物理学丛书》。他曾经组织我们和紫金山天文台部分年轻学者开过几次会，讨论书目以及个别书的编写大纲。但是在当时百废待兴的情况下，出版一套书很困难，很遗憾，戴先生的设想在他生前未能实现。值得庆幸的是，1978年戴先生曾经在病榻上和王绶琯先生等几位同志倡议编写一套《天体物理学丛书》的设想，得到了他们的赞同和支持。

1979年4月30日戴先生与世长辞。三年后，在1982年，王绶琯先生主编和筹划的一套《天体物理基础和方法丛书》出版问世，王先生亲自作了序。他在序的开篇和结尾这样写道："1978年，已故的戴文赛教授在病榻上和几位同志倡议编写一套《天体物理学丛书》，这个倡议得到了天文界的积极响应和出版界的支持。……我们将以这套丛书作为路旁岩石上的一方铭镌，记载着这一年代我国天文学的里程，并以此纪念我们的同志、本丛书许多作者的老师和朋友——为新中国天文建设事业殚竭心力、奋斗一生的戴文赛教授。"

二十年以后的2002年，为了顺应我国改革开放的新形势、新格局，王绶琯先生和国家天文台的领导赵刚先生等同志重新组织出版了一套《中国科学院国家天文台天体物理丛书》，王老先生作为主编又一次捉笔写序，他在序言开篇中重申："我国组织出版系列的天体物理丛书，滥觞于二十几年前戴文赛先生的倡导，改革开放伊始，为了适应研究生制度的恢复，他策划了一个天体物理各个分支学科配套的丛书撰写方案，这在当时以及接下来的一段时间里，为我国天文学的重整旗鼓起了重要的作用。"

王绶琯先生主编出版的两套丛书和亲自撰写的两篇序言，充分体现了王先生、戴先生两位德高望重的天文学家之间的精诚团结和深厚情谊，以及他们为祖国的天文事业发展呕心沥血的赤子之心。同时，序言也对戴文赛先生的人品学养、师德风范和为中国的天文事业奋斗一生的崇高品质给予了高度评价，令我无比感动和敬佩！

在此，我由衷地感谢王先生和赵刚先生给我提供机会，使我有幸参加了《中国科学院国家天文台天体物理丛书》的分册《类星体与活动星系核》一书的撰写工作，让我为实现戴先生的遗愿贡献一份力量，得以告慰戴先生在天之灵。

戴先生去世已经40多年了。许多事情已记不太清。上面记述的是比较可靠的几件事。谨以此深切悼念恩师戴文赛先生。

22 | 名师出高徒

许敖敖 | 澳门科技大学

教师仅三四十名的小小天文系，从1950年代入学本科的毕业生中就走出了四名中科院院士，令科学界和高教界惊叹。这离不开作为系主任、教研室主任的戴文赛先生的教育理念、治学态度以及自身的人格魅力对青年教师和学生潜移默化的影响。特别是他对年轻人成长的关注和培育，对他们创新精神的肯定、鼓励和支持，让他的学生们受益终身。

戴先生于1954年来天文系任教，至1979年去世，在天文系前后工作近二十五年。作为一代宗师，二十五年中他为我国天文科学领域培养了数以百计的天文人才，奠定了我国天文学科发展的基础。至今，南大天文系仍为培育天文界骨干人才的重要基地。天文系（现已扩充为天文与空间科学学院）在教育部历次学科评估中始终名列前茅。饮水思源，戴先生功不可没。

本文作者许敖敖为南京大学原副校长、澳门科技大学原校长。

下面就以1950年代从天体物理专业走出的三位"高徒",中科院院士曲钦岳、苏定强和方成为例,就我了解的些许情况,浅析一下戴先生对他们的影响。

先简述一下三位的主要业绩。

曲钦岳院士

曲钦岳是我国高能天体物理学领域的开拓者之一,在这一领域中做出了重要贡献。但他最卓越的成就却在高等教育领域,南大的校友们是这样高度评价曲担任南大校长十三年(1984—1997)南大的发展和进步:"他最重要的贡献是受任于危亡之时,给彷徨无助的南大人指明了方向,注入了精神动力,提供了最好的做科研、做学术的环境,那时候的南大有最好的本科生教育,有心无旁骛做科研的教师";"真正把南京大学带到全国高校第一方阵的是曲钦岳校长,非他莫属。曲校长在任十三年,兢兢业业,殚精竭虑,运筹帷幄之中,决胜千里之外。那时我校好多指标领跑全国高校,引以为骄傲";"学生以为民国时期罗家伦校长与新中国成立后的匡亚明校长、曲钦岳校长皆堪称伟大。罗家伦校长奠定南京大学的气派,匡亚明校长带领南京大学复兴,曲钦岳校长树立南京大学的地位"。

苏定强院士

作为世界一流的天文仪器和技术专家,苏定强在我国大型天文望远镜的设计和研制中,将他活跃的创新思维贯穿其中,获得了一系列开创性成果。他提出了望远镜中加入中继镜的折轴系统,形成新型的三镜系统。不仅被应用于我国第一架大型天文光学望远镜(2.16米口径),也被国内外其他大望远镜采用。特别是他与王绶琯先生共同提出的LAMOST基本方案——具有变形镜的光学系统,使一些传统不能实现的系统得以实现。这也是我国两大国家科学工程LAMOST和FAST(即"天眼")技术上主要的创新理念。苏定强还与合作者共同建立了创新的光学系统优化程序;研制成中国首个李奥双折射滤光器;

带领团队建成我国第一个主动光学实验系统。丰硕的科研成果使苏定强获得了国家科技进步奖一等奖一次、国家自然科学奖二等奖一次，均为第一获奖人；国家科技进步奖二等奖一次，为第二获奖人；以及多项中国科学院和江苏省奖；并当选为国际天文学会联合会（IAU）下属天文仪器与技术委员会主席，跻身国际一流水平专家行列。

方成院士

方成是我国太阳物理学术界的领军人物，他曾主持和研制成我国第一座太阳塔，创建了太阳塔实验室。在太阳物理多个领域，为耀斑大气演化、耀斑动力学模型和谱线不对称性、白光耀斑、日珥、黑子、耀斑和"埃勒曼炸弹"等多种太阳活动现象构建了半经验模型，并在耀斑爆发中的非热过程及太阳大气低层的磁重联等多方面取得重要成果。先后主持二十余项各类科技项目（含国际合作项目），发表论文270余篇。获得多项国家和教育部奖项，为我国太阳物理学科的快速发展做出了重要贡献。方成还曾被授予全国模范教师，并获授法国巴黎天文台名誉博士等称号。2003—2009年担任国际天文学联合会（IAU）副主席。

戴先生对他们三位的教育、培养和影响是多方面的，以下只是我六十余年前久远记忆中的点点滴滴，不准确之处，敬请大家指正。

作为我国高能天体物理奠基人之一的曲钦岳院士，早在1957年本科毕业不久，戴先生就委以教学重任，安排他和汪珍如教授讲授天体物理最重要的专业基础课之一的"理论天体物理学"课程，我1961年上半年修读该课时，就由他们任教。曲、汪从宇宙超密态物质的研究进而开拓高能天体物理研究领域，也曾得到戴先生的支持和鼓励。

苏定强院士曾多次与我谈及他在1958—1959年期间，大学生勤工俭学活动中参加科研实践的故事。作为思想活跃、精力旺盛、敢于创新的大三学生，苏定强在天文系带头组织一些同学磨制望远镜镜片，并大胆提出制造当时尚属先进的马克苏托夫广角望远镜及日冕仪等仪器，这些想法大都受到戴先生的鼓励和支持。1959年上半年，部分参加试制日冕仪的师生，还曾远赴祁连山实地做试验。这些实践活动如没有系主任戴先生支持是很难实现的。苏定强院士还曾提及，1962年戴先生去广州参加科学家大会，聆听周总理报告期间，戴先生大胆让作为"恒星天文学"课程助教的苏定强走上讲台担任主讲，可见戴先生对年轻教师的信任，也让毕业不久的苏定强得到了锻炼，增强了他做好教学工作的自信心。直到2007年，已是古稀之年的苏定强，还以他在本科学习时打下的坚实数理基础，以非凡的毅力，为天文系研究生开出了"广义相对论"课程。

众所周知，方成院士曾为南大太阳塔的建设做出了重要贡献，这对中国太阳物理的发展产生了深远影响。南大天文系提出并启动太阳塔的建设始于1950年代，作为主持天文专业工作的数天系副主任，戴先生十分重视天文学的学科建设工作，关注太阳物理学的发展。1956年，他曾两次赴京参加"国家科学远景规划"的讨论和"全国科技发展十二年远景规划"的制订。规划中天文学的发展涉及天文专业当时各个专门化领域的建设，太阳物理属于其中一个部分。

1958年，作为系主任的戴先生大力支持天文系师生提出建造高水平太阳观测仪器——太阳塔的建议，因此太阳塔就经由学校推荐，列入国家第二个五年计划。1958年4月，戴先生亲自参加中苏合作的海南岛日环食观测工作（其中一部分资料为1962年我与曹天君在章振大老师指导下做毕业论文所用），由此开启了在苏联专家西特尼克的帮助下，南大太阳塔的设计和研制工作。令人遗憾的是，由于1960年中苏关系恶化，苏联撤走了全部来华工作的专家，再加随后的三年自然灾害、国家经济困难、财政紧缩等，太阳塔研制工作进展迟缓，1966年"文化大革命"开始后几乎完全停顿。直到1970年代，又是在戴先生的关心和支持下，建造太阳塔的工作得以重新上马，由方成担纲挑起建设太阳塔的重任。戴先生努力争取省、市各级领导的支持，即使在病中，戴先生也一直关注着太阳塔的建设工作。直至1979年他重病去世，太阳塔也在这一年基本建成。戴先生是名副其实的南大太阳物理和太阳塔建设的奠基人，并由此推动了天文系乃至全国天文领域中太阳物理的快速发展。

我1957年入读天文系，1962年毕业留校任教，大学四年级时曾断断续续聆听由戴先生开讲的"恒星天文学"课程。毕业后，虽与戴先生同属一个教研室，且每周会有一次例会，但因与戴先生的教学及科研工作方向不同，几乎没有机会与他小范围内接触和交流。期间（大约1964年），他还曾去北京社会主义学院学习一年。1965年我又去海安参加社教运动。1966年后，也就更没有机会与戴先生相处了。与戴先生共事十七载，却未能直面他的教诲，对此深感遗憾！

戴先生离开我们已四十二年了，如今大家都还在深深地怀念他，可见他的人品、学问、精神、业绩影响之大，戴先生堪称中国天文界的一代宗师！

今天，中国天文科学事业与戴先生在世时相比，已发生了翻天覆地的变化。天文工作者队伍人才辈出，天文学研究水平日新月异。但大家都没有忘记他，因为戴先生是中国现代天文科学事业最早的奠基人之一！

谨以此文，寄托对戴文赛教授深切的缅怀之情！

23 | 高山仰止，仪范长存
—— 缅怀戴文赛先生

漆贯荣 | 中国科学院国家授时中心

我是南京大学天文系 1966 届毕业生。因为专业关系，与戴先生接触不多，但有两件事印象深刻。

一件是戴先生带我们入学新生认星。

记得我们刚入学不久，一天下午，班上学习委员通知，全班同学晚上七点到校门口集合，戴先生要带我们认星。听到这个消息，当时我心中一愣：带学生认星应该是年青助教的事，怎么会是系主任？

七点，我们全班同学准时来到校门前，看到戴先生已经在门口等我们。他手里拿着电筒，笑着对我们说："同学们好，今晚耽误大家自习，我们来认认天上的星座。"接着便把我们带到北大楼前的草坪上，用手电筒指着北斗和仙后等星座，一一说明其形状、特征，并告诉我们怎么样利用北斗、仙后星座去寻找北极星。一个多小时的认星活动结束了，先生还问了几个同学的年龄、家庭住址，并叮嘱我们，一定要学好基础课。

第二件是戴先生"顶风"举办天文学术交流会。

1970年代初,戴先生率先发起举办天体物理讨论会。这一壮举,犹如初春惊雷,振奋了中国天文界。北京、上海、合肥、昆明、西安的天文工作者奔走相告,相关专业人员齐聚南京,交流分享各自研究所得。因偶然机会,我得以旁听身份,坐在会议的听众席上。另外,有一次在戴先生主持的讨论会上,当外国同行演讲时,戴先生自司翻译之职。我注意到,讲演者年不过五十,而为其翻译的却是年逾花甲的谢顶老人——我们的系主任!戴先生平和从容,逐句作译,毫无屈尊之意。但作为先生的弟子,我当时确有不能为师代劳的惭愧之感。

这两件事似属琐屑,但它显示的是戴先生倾心我国天文教育的大师风范,振兴我国天文研究的无畏精神!

写罢这两件事,总觉意犹未尽。凭窗远眺,仰望云天,心中不禁浮现出范仲淹赞扬严子陵的诗词:

> 云山苍苍,
>
> 江水泱泱。
>
> 先生之风,
>
> 山高水长。

值此纪念戴文赛先生110周年诞辰之际,谨以此敬颂戴文赛先生!

24 追忆恩师戴文赛先生

李宗云｜南京大学

在进南大之前，我不是一个天文爱好者，因此对戴文赛先生并不了解。第一次见到他是在1959年全校迎新大会上，戴先生作为教师代表讲话，虽然离得比较远，但是他的风度还是让我留下了深刻印象。

第一学期他就给我们上"普通天文学"，后来又上过"恒星天文学"等课程，开始领略了他学识的渊博和教学的认真。

戴先生在音乐方面的修养也给我留下了深刻印象，每年系里都有一个毕业生欢送晚会，戴先生除了发表热情洋溢的讲话以外，还常常指挥大家来个大合唱。数学系周伯勋教授的独唱和戴先生的钢琴伴奏可算珠联璧合，我不止一次看过他们的演出。

在研究生阶段，戴先生给我们讲了一段时间的"太阳系起源和演化"，后来就去社会主义学院学习，布置我们读一本厚厚的、俄文版《天体物理学教程》，定期向他汇报学习心得。他利用周末休息时间去北大图书馆借阅该书，对我们的读书笔记进行修改，其认真的程度让人难忘。

1968年8月起，我在工厂待了10年，因为工作忙，与戴先生联系很少。从1978年6月回到学校到戴先生逝世，是我与他接触最多，也是受教诲最多的一段时间。他让我跟他一起搞星系研究，按他的要求，几乎每星期都要向他汇报看了什么文献、有什么想法。起初，我们见面都是在他家的小客厅兼餐厅里，老保姆还会送上一杯刚沏的热茶，这让我非常拘谨，或许戴先生也有所感觉。后来，移到他的书房兼卧室，没有了保姆的热茶，我也不再拘谨，开始了随意、没有拘束的讨论。

1978年是不平凡的一年，3月18日全国科学大会召开，迎来了"科学的春天"；12月党的十一届三中全会召开，吹响了改革开放的号角。一种重视科学、尊重知识分子的氛围正在形成，这是戴先生一生中从未遇到过的。戴夫人刘圣梅曾说，戴先生的太阳系研究计划快完成了，他正在转向星系领域，这个领域以前接触不多，"文革"期间发展很快，他急于把失去的时间抢回来。就在他去世前不久，还计划要我去医院十次，每次一个小时系统地讨论星系问题。鉴于他病情一天天恶化，这个计划没有实现。

1979年4月30日，星期一，我去医院看他。早早吃完午饭，乘公交车到中山陵，然后步行到125医院。不幸，就是那天下午，戴先生永远离开了我们，走得非常平静、安详，没有留下任何遗言。当时在场的除了医生、护士以外，只有戴夫人刘先生、他们的两个女儿和我，另一个女儿去晚了一步。我第一时间打电话回学校，党委办公室和校长办公室主任陈百杨很快赶到，做了安排。我的另一个电话打给了新华社江苏分社记者古平女士，她曾多次采访过戴先生，曾经在新华日报发表过一篇关于戴先生的长篇人物通讯，还想写一篇报告文学，事先跟我打过招呼，到时通知她，看看戴先生有什么遗言，所以她也赶去了。

1944年，爱丁顿逝世以后，戴先生写过一篇纪念文章《一颗巨星陨落了》，虽然35年后又一颗星星陨落了，但是叫作"戴文赛"的那颗小行星依然在天空翱翔。

25 | 缅怀恩师戴文赛

张明昌 | 南京炮兵学院

恩师戴文赛虽离开我们已久,但他的音容笑貌却永远似在眼前。他不仅是我们难得的良师,更是少见的慈父。

记得每年的新生入学,戴文赛都会亲自参加"迎新会",与刚刚进入陌生大学环境的青年学子亲切交谈,问他们的姓名、来自哪里、什么中学、有何爱好、为什么报考了天文学专业……如果该学生爱好音乐,他则还会谈上一些乐理知识,说音乐能陶冶人们心灵。轻声细语使得年轻人很快消除了紧张情绪,拉近了师生感情。而每到公历年底——12月31日晚上,只要有哪个年级的学生在举行"辞旧迎新"晚会,戴文赛也准会赶去,与学生同乐,并献上自己的节目,或是弹奏一曲钢琴,或是即兴作诗朗读,或是对学生作番勉励,要他们又红又专,去攀登科学高峰……他常常不顾花甲之年,不是与家人而是与他的学生,共同迎接元旦钟声。

记得戴文赛虽是一系的主任,肩负着繁重的行政和教学事务,但他始终是

1964年，在苏州拙政园，住南林饭店
张明昌应召探望了戴先生
（照片来源：张明昌）

全系给学生上课最多的人。从一年级新生的"普通天文学"（后改称"基础天文学"），到高年级的"恒星物理"，很多课程他都执教过。在给一年级新生上普通天文学时，虽然已为他配备了专门的辅导老师，但他仍然经常跑到学生的宿舍去答疑，解决课堂上一些未能听懂的少数学生的疑难问题。更让人感动的是，他还总是亲自摸黑到学校的大操场，打着手电，指导学生认识天上的繁星。而他那广博的知识又在讲述那些星座中夹进中外的一些神话故事，使学生们兴趣盎然，回味无穷，印象深刻。从而增进了对课程学习的兴味，也提高了学习的积极性。

戴文赛深知"如何思维比思维什么更重要"的道理，所以他在传授知识的同时，更注意教会学生如何做学问。他常常向他的学生介绍他自己的治学方法，强调积累资料的重要性，并要大家学会制作卡片。他说："卡片机动灵活，可以随时调用。"卡片不仅可以摘录现成的知识及资料，也可以及时记下自己的一些突然冒出的"思想火花"。对于高年级同学，他则会提出较高的要求："要善于把已经学到的知识用到具体的问题中去，应经常想办法用这些知识去解决碰到的问题，这样，才会使掌握的知识更牢固。"我1990年代（那时我还不会上网）写就的、屡次获奖的80多万字的《宇宙索奇》，正是受到了他的这个教导，做了大量"卡片"而成的。对于那些思想活跃的学生，他则会为他们开"小灶",给他们压担子。戴文赛把他们请到家中,有时是引导他们阅读国外的文献,有时是介绍新的天文知识,有时要他们"学会弹钢琴,十个指头一齐弹",有时则是与他一起做一些他独创的"天文游戏"——甲做"红巨星",乙做"主序星",丙做"造父变星"……把学习寓于轻松的娱乐之中。

更清楚记得,1964年,我们做毕业论文时,我与刘金沂、谭德同想做的课题是"星团的自转",对于这个可能是世界上还没人做过的独创性的课题,不免有些畏难情绪,有人还提出数学上的功力不够等问题。戴文赛不是简单地批评,而是十分耐心地进行启发:"虽然至今世界上还无人论述过这个问题,但星团的外形看起来有些扁度,很可能就是自转引起的,何况比星团大的银河系在自转,比星团小的恒星、行星都有自转,星团应该也在自转。"他进一步鼓励说:"搞自转历来都是大天文学家,第一个首推爱丁顿,第二个是斯特鲁维,第三个是黄授书,第四个可算是我,而你们则可排到第五、六、七了……"他正是这样循循善诱,让学生们消除顾虑。后来我们果然攻克了难关,顺利通过了论文的答辩(此论文刊于《南京大学学报》)。

是年5月,我们的论文接近答辩前夕,一个同学发现所涉及的五个星团中,有一个星团中,有一颗恒星的资料有些疑问。在一切都要手算的时代,这个学生担心,推倒重来是否来得及参加答辩,生怕影响了成绩。戴文赛得悉后,十分严肃地告诫他们,科学不能自欺欺人,哪怕推迟答辩、影响成绩,也必须重新计算。后来他又不止一次地要他们引以为戒。他语重心长地说,他自己所有的计算,都至少要搞两遍,核对无误后才放心使用。在每年毕业生最后的论文答辩中,他决不越俎代庖,让学生自己应对别人提出的质疑,而不像有些老师为其指导的学生解围。开始也有些学生对于戴文赛的做法不以为然,但后来他们发现,通过唇枪舌剑的辩论,使自己对于该问题以及与此有关的其他学术问题能有更加深入全面的理解后,才从内心深深感谢戴文赛的良苦用心。

记得戴文赛对于学生也是十分贴心的慈父,所有天文系的学生,他都视作要自己毕生照拂的晚辈。不仅在学校时,他要尽心地培养他们,使他们尽快地成长起来，早日出科研成果，他还一直认为，教师不仅要关心在校读书的学生，就是在他们毕业踏上工作岗位后，也仍应关怀他们。在"文革"中，他有个本子，上面记录着天文学系历届毕业生的资料，包括他们的工作单位、通信地址。他说："这是为了随时给他们帮助。"

戴文赛是这么说的，也是这么做的。他常常主动告诉来辞行的毕业生，你将要去的工作单位里，有哪几个前几届的校友，可以获得他们的指点和帮助。他的许多学生被胡乱分配到了工厂、农村去"接受再教育"。当时，戴文赛自己也自顾不暇，但他对于这些用非所学的学生仍然十分关心。当他一恢复与一些人的通信联系，就经常给他们寄送一些学术资料，介绍天文学的发展状况，鼓励他们不要丢了专业。他坚定地认为，国家培养了十多年的学生，决不会一直弃之不用。后来，他在许多场合，都为他们的"专业归队"问题大声疾呼，为此他给几个天文台台长写过推荐信，向省委书记做过反映，向新华社、科学院呼吁，找《光明日报》记者……在他的不懈努力下，后来我与其他一些研究生和本科生都先后回到了天文岗位上。在此前，他还再三询问我们搬迁有什么困难，准备解囊相助。我们归队后，他喜形于色，连连说："这下好了，我们又可以在一起为四个现代化工作了。"

戴文赛对于学生慈爱有加，但有时也相当严格。他深知在学问上"严是爱，宽是害"的道理，所以在学术上他是一丝不苟的。在1960年代初，他有两位研究生因为在大学、中学时学的是俄语，对于查阅英语文献有畏难情绪，戴文赛坚持要他们大量查阅英语资料，同时给予大量指导，终于让这两位研究生在不长时间内闯过了这一难关。

26 | 怀念戴先生

吴连大 | 中国科学院紫金山天文台

我不是学天体物理的，因此在学校时，只在一年级聆听过戴老师的"普通天文学"的课。但有些事情现在记忆犹新，戴先生的教导，我一辈子都受益匪浅。

操场认星座

1959年10月，一个无月的晚上，大概8点多钟，戴老师带我们新生在南大操场时认星座。他手里拿着手电筒，电筒光柱指向天空，教我们这是大熊座，这是小熊座，这是北极星。他告诉我们，牛郎织女在哪里，中间隔着银河；银河内是天鹅座，又叫北十字，最亮的星叫天津四；讲天箭射海豚的故事。那天晚上天真好，我们还勉强能看到天箭座和海豚座。遥望南天，戴老师给我们讲了诗经中"七月流火，九月授衣"的故事，说这里的"火"，不是火星，而是心宿二，即天蝎座 α。我们记得，最后还找到了快要落山的大角星。一个名教授，天文系主任，亲自教新生认星座，这种敬业精神，我终生难忘。

一次难忘的面试

那年普通天文考试，是面试。题目很简单，是图示黄道坐标系和赤道坐标系，给出坐标转换的公式。我画了一个图，给出了转换公式，很快就交给了戴老师，以为会得到老师表扬。但是，戴老师看后，严肃地问我黄赤交角是多少度，我说是23.4度。他很认真指着我画的图："你看这大概有30多度了吧。"还笑着说："以后要准确一些。"我记住了，以后在工作中，我画图认真准确多了。

探望戴先生

1978年深秋，戴老师在上海瑞金医院住院。我、顾继明和缪翠兰三人到上海出差，大家希望去看看戴老师。吴美霞说，何文兰刚从新疆邮来一个大西瓜（有16斤），要我们带去。

我们拎了这个大西瓜，从南京出发，坐火车到了苏州。但是，这么大的西瓜在苏州没有地方可寄存，16斤瓜就只好拎在手里走。这个西瓜和我们一起，又游览了苏州8个公园，再乘火车到上海，晚上7点终于到了瑞金医院。看到我们去探望，从南京远道而来，还拎了16斤这么大的一个西瓜，游了苏州8个公园，再到上海，戴老师非常高兴。当时，他身体尚好，在病床边还放着许多专业书，好像还在工作。一个癌症病人，还这样努力，我们看了很感动。

戴先生的纪念铜像

给戴先生做一个纪念铜像的建议，我记得是禹来庚（65届毕业生）首先提出的，时间好像是1999年。当时，我经常去北京出差，他当时是我们"人造卫星观测研究中心"副主任，到北京总是首先和他见面。有一次见面时，他希望我回南京后，联系一些天文系同学，动员大家捐款，为戴先生建一个纪念铜像。我当然同意，回南京后就和一些同学说了，这个建议很快得到大家的热烈响应。后来是天文系刘桂霞书记负责的。听说，有几百人捐款。通过韩星臣，找吴为山设计建造的。最后，铜像圆满落成，寄托了历届天文系毕业生的愿望。作为建议参与者，心里很高兴。

戴老师离开我们已经42年了，我们永远怀念他。

27 | 听戴先生讲星空

赵铭 | 中国科学院上海天文台

1959年9月，我从江苏连云港新海中学高中毕业，考进南大数学天文系天文专业。

我报考天文专业纯属偶然。在高考前夕填报志愿时，面对包含数百个学校的简介目录不知所措。于是向在场的物理老师求教怎么填。他瞬即回答说，你色盲，考天文吧，南京大学天文系很有名的。他说我色盲其实只是夸张的玩笑，因为在迎考体检中，查出我在某波段的变色力差，浅蓝和浅灰分辨不清。那时，老师的话就是绝对真理，于是我第一志愿就填了南大数学天文系。那时我对天文真是一无所知，不像一些城里的同学对天文已有些了解，有的还是天文爱好者。在我的无电的家乡农村，每当晴夜仰望满天星斗，只觉得好看，却全不知所以。除了太阳月亮外，不知春夏秋冬星空有何差别，又有何关系。进入南大后，戴先生给我们上基础天文课，我才开始了天文的启蒙阶段。

至今清楚地记得，在那个初秋晴朗无月的夜晚，戴先生带领我们来到北园的大操场。我们坐在松软的草坪上,听戴先生给我们介绍星空。那时城市光污染不严重,近在鼓楼,仍见繁星点点,银河清晰可见。那时没有激光笔,戴先生拿着一只手电筒,向我们边指示边讲解哪个是天鹅座,哪个是天琴座……

那个夜晚是那样的难忘,至今仍记忆得清晰如初。每每回忆当时的情景,听戴先生平和亲切讲解的气氛和感受,总会联想到一首歌:"我们坐在高高的谷堆旁边,听妈妈讲那过去的事情……"两者气氛相似,但戴先生讲的不是忆苦思甜面向悲惨过去的故事,而是广阔的宇宙,是光明的未来。

2020 年 8 月 19 日

28 戴文赛先生与天体物理丛书

胡佛兴 | 中国科学院紫金山天文台

"我国组织出版系列的天体物理丛书,滥觞于二十几年前戴文赛先生的倡导。当时改革开放伊始,为了适应研究生制度的恢复,他策划了一个天体物理各个分支学科配套的丛书撰写方案。这在当时以及接下来的一段时间里,为我国天文学的重整旗鼓起了重要的作用……"

(王绶琯《中国科学院国家天文台天体物理丛书》序)

1960年代,随着射电、空间、地面观测手段的迅速发展,类星体、脉冲星、星际有机分子、宇宙微波背景辐射……一系列重大发现接踵而来,理论物理和天文学的渗透空前活跃,天文学正面临着一个飞跃发展的前景,而我们本已落后的现代天文学与国际上的差距越拉越大。

面对这种情势,戴文赛先生心急如焚。即使因罹患绝症在上海瑞金医院病榻上,也不忘对前去看望他的同事和学生说,为了赶上国际天文的发展,他正

《天体物理学丛书》中的《太阳系演化学》

在考虑倡议组织天文界的"老兵",编写一套紧跟新进展的"天体物理丛书",既可以作为研究生教材,也可供年轻研究和教育人员参考。这个倡议得到了天文界的响应和出版界的支持。

戴先生就是这样高瞻远瞩,在每一个关键的时刻,甚至在病榻上,总是能及时发现问题,提出解决问题的办法和建议。作为第一批,戴先生自己编写的上下两册《太阳系演化学》,就以《天体物理学丛书》命名出版。在戴先生去世后,1980年代及以后一段时间里,北京天文台王绶琯院士接力"天体物理丛书"的组织出版工作。虽然逢改革开放,组织出版工作仍然困难重重,直到中国科学院创新工程开始后,有了国家天文台的支持,"天体物理丛书"的出版才打开了新局面。

几十年来,戴先生倡议编写的"天体物理丛书"的分册陆续出版问世。这套丛书记载着这一年代我国天文学发展的里程,也是对为中国天文事业殚精竭虑,奋斗一生的戴先生最好的纪念。

一

1979年，戴先生倡导的中国首批《天体物理学丛书》出版，他身体力行贡献了总结自己多年研究心血的《太阳系演化学》作为其开山之作。

本书是天体物理学丛书之一作为研究生的教材和具有一定大学数理、天文基础的同志研究这一问题的参考书。

戴文赛 1979年3月12日
《太阳系演化学（上册）》前言

该丛书已出版的有两本：

戴文赛：《太阳系演化学（上册）》，上海：上海科学技术出版社，1979。

戴文赛，胡中为，阎林山，朱志祥：《太阳系演化学（下册）》，上海：上海科学技术出版社，1986。

二

在戴先生去世后，1980年代至世纪之交的约20年时间里，中国科学院院士、北京天文台台长王绶琯先生，代表天文界同仁积极响应戴先生的倡导，主编出版了《天体物理基础和方法丛书》。他在丛书序中明确表达了对戴先生的缅怀之情和两套丛书之间的传承关系。

《天体物理基础和方法丛书》序：

1978年，已故戴文赛教授在病榻上和几位同志倡议编写一部天体物理学丛书。这个倡议得到了天文界的积极响应和出版界的支持。当时四害已除，科学园地中严冰初破，万象春回。广大天文工作者怀着急切的心情整顿自己的队伍，重新投入到学科建设。文赛同志和大家意识到整顿的第一步应是重打基础。我们失去的这十年，正是国际上天文学突飞猛进的十年。随着这一时期射电、空间和地面天文实测手段的长足进步，重大天文发现接踵而来。理论物理学和天文学的学科渗透空前活跃。这一切给当代天文研究带来了一个面临飞跃的前景。面对这个前景，如何夺回十年动乱中失去的时间是我们当前两代天文工作者必须首先考虑的问题。于是，大家设想，在起步之际是否可以组织设天文战线上的"老兵"，分头先就各人所长的学科领域，系统地刷新知识，写成讲义，互教互学；并在此基础上整理成书，用以为源源加入天文队伍的"新兵"及时地搭桥铺路。书拟分两辑。这一辑侧重于理论天体物理学的重要分支和几个主要天文实测手段的技术和方法，读者对象为天体物理专业的研究生，当然也适于天文和有关物理学科的科研、教学工作者参考。

现在丛书各册即将陆续问世，几年来我们国家经历了拨乱反正，我国的天文工作者和全国人民一致步调，正抱着振兴祖国天文事业的志向，稳步登攀科学研究的崎岖道路。在这伟大的旅程中，我们将以这部丛书作为路旁岩石上的一方铭镌，记载着这一年代我国天文学的里程，并以此纪念我们的同志、本丛书许多作者的老师和朋友——为新中国天文建设事业殚竭心力、奋斗一生的戴文赛教授。

王绶琯　一九八二年十二月，北京

王先生主编的这套丛书，有两种：

尤峻汉：《天体物理中的辐射机制》，北京：科学出版社，1983。

王绶琯，周又元（并有其他15位学者分题撰写）：《X射线天体物理学》，
　　北京：科学出版社，1999。

三

近二十年中，无论工作如何繁忙，遇到何种困难，王先生初心不改，砥砺前行。到世纪之交中科院知识创新工程开始时，已近耄耋之年的他勇受新组建的国家天文台领导之托，继续担任该丛书主编。他在2002年1月为国台冠名的《中国科学院国家天文台天体物理丛书》所写序言再次表达了对戴先生的敬

仰之情。

《中国科学院国家天文台天体物理丛书》序：

  我国组织出版系列的天体物理丛书，滥觞于二十几年前戴文赛先生的倡导。当时改革开放伊始，为了适应研究生制度的恢复，他策划了一个天体物理各个分支学科配套的丛书撰写方案。这在当时以及接下来的一段时间里，为我国天文学的重整旗鼓起了重要的作用。随后的这许多年中，学科高速发展，包括研究生教材在内的国际上的天文佳作源源引进，加上我国科学图书出版的种种变数，使我国天体物理书籍的出版不断自我调整以立足于新的背景，同时各自不断寻求可供依托的机遇。其间逐步淡化了系列化、突出了个性化。这是必然的，也可说是一种进步。但也增加了课题领域的随机性质、少了整体布局。

  现在，在新的格局下，国家天文台着手组织一系列天文学丛书。我们接受委托编纂天体物理部分。为了和前面的衔接，这部丛书侧重于专著形式。首先邀请为我国天体物理各个不同分支的研究打下基础的主要科学家们，把他们的长期积累整理成有自己特色的专著。我们相信，这些著作，对于目前站在这些基础上工作和培养新生力量的学者们，将是有益的参考。同时它们也将表征着一个时期我国天体物理著述成果的收结。

  总结同时又是开端的准备。我们期待着在若干年后的新版和新辑里，将看到又一个新的开始。

王绶琯　2002 年 1 月于北京

该丛书迄今已出版 6 种：

何香涛：《观测宇宙学》，北京：科学出版社，2002。

何香涛：《观测宇宙学》（第 2 版），北京：北京师范大学出版社，2007。

李晓卿：《等离激元坍塌动力学——宇宙小尺度过程》，北京：中国科学技术出版社，2004。

黄克谅：《类星体与活动星系核》，北京：中国科学技术出版社，
　　2005。

黄润乾：《恒星物理》，北京：中国科学技术出版社，2006。

曾琴，毛瑞青，裴春传：《天体物理中的微波谱线诊断》，北京：中
　　国科学技术出版社，2006。

向守平，冯珑珑：《宇宙大尺度结构的形成》，北京：中国科学技术
　　出版社，2010。

戴先生倡导的系列的天体物理丛书的组织出版，涵盖了国台冠名前后的不同时期，时间跨度长达约40年，这在中国科技出版史上是罕见的。

四

除戴先生和王先生的两个系列外，这段时期中国还出版了其他天文学系列丛书。

1997年前后，由国内外有影响力的太阳物理学家艾国祥院士（1998年任北京天文台台长，2001年任国家天文台台长）独立倡导并任主编，在中科院天文委员会太阳分支基金、国家自然科学基金委等支持下出版了《现代太阳物理丛书》。迄今已出版的几种是：

赵仁杨：《太阳射电辐射理论》，北京：科学出版社，1999。

林元章：《太阳物理导论》，北京：科学出版社，2000。

章振大：《日冕物理》，北京：科学出版社，2000。

甘为群，王德焴：《太阳高能物理》，北京：科学出版社，2002。

由国台冠名的其他天文学系列丛书还有叶叔华院士主编的《中国科学院国家天文台基本天文学及其应用系列丛书》，迄今已出版的几种是：

赵铭：《天体测量学导论》，北京：中国科学技术出版社，2006。

赵铭：《天体测量学导论》（第2版），北京：中国科学技术出版社，
　　2012。

李东明，金文敬，夏一飞，等：《天体测量方法——历史、现状和未来》，北京：中国科学技术出版社，2006。

严豪健，符养，洪振杰，郭鹏：《天基GPS气象学与反演技术》，北京：中国科学技术出版社，2007。

吴连大：《人造卫星与空间碎片的轨道和探测》，北京：中国科学技术出版社，2011。

苏定强院士主编的《中国科学院国家天文台天体物理技术与方法丛书》迄今已出版的几种是：

胡企千，姚正秋：《天文望远镜设计》，北京：中国科学技术出版社，2013。

王传晋，叶彬浔：《天文可见光探测器》，北京：中国科学技术出版社，2013。

王亚男：《天文望远镜光学系统》，北京：中国科学技术出版社，2016。

李德培：《天文光学非球面技术和系统调整》，北京：中国科学技术出版社，2017。

改革开放以来，上述系列丛书（及其他类似书籍）陆续出版问世。尽管只有王绶琯先生主编的丛书明确溯源到戴先生的倡导，但它们都从各个不同的侧面反映着这一年代我国天文学发展的里程，实现着戴先生四十年前提出的愿景，这足以告慰他老人家的在天之灵！

本文编者特别感谢前辈王绶琯院士为组织出版"天体物理丛书"所做的跨世纪的、持久不懈的努力，并慨允全文转载他为丛书所写的序。衷心感谢各丛书编者和作者们，他们中不少是戴先生的同事和学生，孜孜不倦地辛勤耕作。感谢艾国祥、苏定强、方成和汪景琇等院士，赵刚台长，林元章、邹振隆、张明昌、卞毓麟、赵铭和曾琴等老师在本文的编写中给予的宝贵咨询意见。

2020年8月28日

29 | 九九重阳忆先生
——回忆我们的天文导师戴先生

胡佛兴　刘汝良 | 中国科学院紫金山天文台

每逢佳节倍思亲

九九重阳忆先生

不仅仅是戴先生的学生,我(胡佛兴)还有幸跟戴先生工作了小几年,在这里补充几点对先生的回忆。1970年代,在南京大学紫金山天文台天体物理讨论班的日子里,紫台刘汝良老师(北京大学毕业)和我两个人跟随先生一直在一起。文章最后一节珍贵历史记录是我们两人对那段时间的共同回忆。

亲力亲为　我们天文学的领路人

我是南京大学天文系1959级学子。正是戴先生在西南大楼教室里给我们上了我们第一堂天文课。在课上我们看到了久仰大名的戴先生,中等个子,清秀白净,略瘦秀顶,金丝眼镜后面两眼炯炯有神……风度翩翩的名教授亲自为我们上天文的第一课,大家惊喜交加,印象特别深刻。我们的第一本天文教科书也是戴先生亲自翻译的苏联波拉克（И.Ф. Полак）的《普通天文学教程》。戴先生是第一个，也是唯一的一位老师，在南大操场的夜晚，用手电筒指认星星，教我们这些小年轻认南北星斗、牛郎织女和星团天河。记得戴先生还常常亲自到宿舍来给我们答疑、辅导功课……这一切，都给我们留下了终生难忘的印象。一门新生的普通天文课，完全可以让青年教师来承担。但是，戴先生却认真负责、亲力亲为。不仅如此，张春生和张彩成老师还告诉我，戴先生不但给73级上过课，也给75级上过课。

据当年的任课教师黄克谅、周洪楠等老师回忆，戴先生健在时，实际上每届新生，包括工农兵学员，他们入学时戴先生都会亲自做几次新生入学讲座，包括介绍天文学及天文系概况、专业介绍及专业思想教育、观天认星活动等等。这些讲座是和"基础天文学"课程的第一部分绪论相结合进行的。戴先生的讲课深入浅出、生动形象，很受学生欢迎，他的深厚学术造诣、知名教授风度都会给学生们留下深刻的印象，反映极佳。纪晓禾和林春梅老师回忆说，给1976级新生的一次讲座大约在1977年端午节，戴先生从中国传统节日开讲，进而讲了历法、日地运动关系等，效果极好。他们说，能成为戴先生的学生，能亲耳聆听先生讲课真是件幸运的事情，可惜当时有些同学没有意识到。

生命不息，战斗不止。戴先生就是这样，对每一个年级的新同学都是尽心尽力、关爱备至。戴先生不仅为我们1959级同学开"普通天文学"课，他不下讲坛，对新生的讲课一直坚持到1977年下半年因病去上海治疗。先生对祖国天文的教育事业，倾注了他毕生的心血。

实际上，从我们1959级往前还可以追溯到更早。戴先生1954年8月来南京大学前，早在北京大学任职时就教授"普通天文学"课程。他翻译的波拉克的《普通天文学教程》（商务印书馆，1953年10月）书上就印有"中央人民政府高等教育部推荐为高等学校教材试用本"字样。在北京大学，先生培养了中国天文界的第一个研究生——易照华老师。易照华后来成为中国现代天体力学和历书天文学创始人之一。中国天文学会北京分会于1953年在北京大学成立,戴先生为发起人之一,并被推选为首届理事长。

真是几十年如一日,一片赤子之心。戴先生亲自为我们一届又一届的新生打开了天文学的大门。

天文系的同学中,不乏天文爱好者。我至今记忆犹新,1959年的大学"升学指南"里的白纸黑字,报考南京大学数学天文系天文专业要有"雄厚的数学物理基础"。不仅如此,后来才知道,当年还限招江苏考生。我一位同班同学,家住天津。热爱天文的他,就需先通过所在中学,再经河北省招生委,申请跨区高考,然后才能卷起铺盖、千里迢迢赶到南京参加入学考试。最后他终于如愿以偿。无独有偶,最近才知道,胡中为老师也是看到南京大学天文专业的介绍和戴先生向科学进军的报道,怀着憧憬,1956年从东北跨区考入了天文专业。我们江苏考生还算幸运,没遇到这种麻烦。我在高中订阅《科学画报》,也常去无锡市图书馆看《天文爱好者》杂志,也算是半个天文爱好者。苏联伏龙卓夫·维略明诺夫的《宇宙》(郑文光译)一书,加上天文专业"雄厚的数学物理基础"的要求,我填报了南京大学的天文专业。最近知道,吴连大等同学也是天文爱好者。一个个的年轻人,这么多的天文爱好者,进入天文学的大门,能得到戴先生亲自引领,真是我们的幸运。

我们永远不会忘记,戴先生——我们天文学的领路人。

与先生"宇观"概念的缘分

在我们1964届同学毕业前夕,戴先生参加了我班天体物理组同学在鼓楼公园的茶话道别。先生关心地对我说:"我以为你会考研究生的。"这个情景我至今历历在目。我说:"读了17年书,太长了,想工作了。"阴差阳错,世事难料。报读戴先生研究生的同学去了工厂,我这个不考研究生的反而后来有幸跟先生学习、工作了小几年。就在那次道别活动时,戴先生亲手把他自己刚发表的《宇观过程的特征》(《南京大学学报〔自然科学版〕》,1964年3月)单印本送给我。对此,我非常珍惜,还细心地为它包上了封面。56年后的今天,我从书堆里把它找了出来。我惊喜地发现，不但先生的签名清楚可见，而且能看清日期是 1964 年 5 月 24 日。

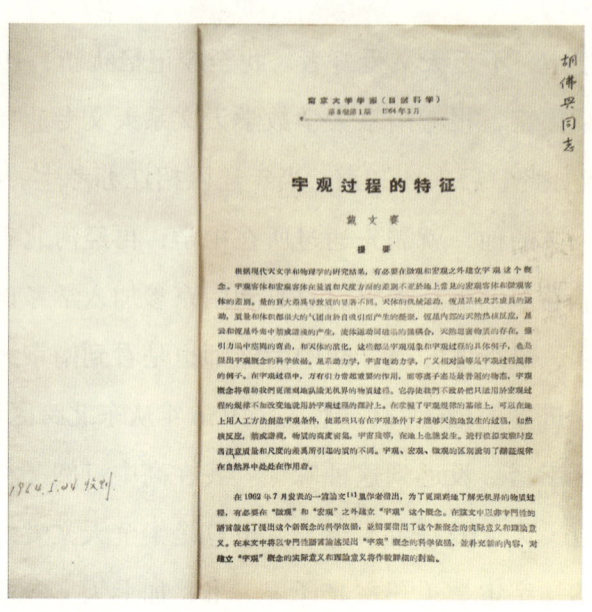

《宇观过程的特征》（《南京大学学报〔自然科学版〕》，1964 年 3 月）

戴先生是现代天文学哲学研究的开创者。1960 年代，他曾去北京"社会主义学院"学习一年。年复一年地思索、研究，戴先生提出了"宇观"这一新概念，提出了"吸引与排斥是天体演化的基本矛盾""把主要吸引因素为万有引力物质客体称为宇观客体"等观点，并剖析了微观、宏观、宇观三个不同层次间的差别和联系，开创了中国天文学哲学领域中对宇观过程的特征和规律的研究，为天文哲学宝库增添了珍贵的财富。

有缘千里来相会。子丑寅卯……转了大约快一圈，我居然还有幸向戴先生、陆埮先生再次学习宇观这个概念。记得在准备《微观、宏观与宇观》论文时，我印象特别深的是，根据估算，月球半径的尺度和质量可能大致是宇观与宏观的分界。引力是长程力，在宇观层次中起主要作用；宏观世界主要是分子力，即范德瓦尔斯力，在起作用。这样，我理解了为什么宇宙中的许多相对稳定的大尺度天体和结构常常是球形的，而日常生活中的东西却是千姿百态，形状各异。

戴先生在这方面发表过不少的文章，例如：《近代自然科学发展的基本特征——辩证综合》（戴文赛、朱耀鑫，《新华日报》，1961年8月23日）。

戴文赛："宇观的物质过程"，《哲学研究》，1962年7月号第4期。

戴文赛："对立统一规律在天体演化中的体现"，《自然辩证法研究通讯》，1964年第4期。

戴文赛："宇观过程的特征"，《南京大学学报（自然科学版）》，1964年Vol.8第1期。

戴文赛："试论物质系统的层次"，《自然辩证法研究通讯》，1965年第4期。

戴文赛，陆埮，胡佛兴："微观宏观宇观"，《物理》，1977年第1期。

《戴文赛科普创作选集》（科学普及出版社，1980）一书里面，汇集了他在天文学哲学方面的主要研究成果。可惜戴先生的过早离世，没能带领大家在这方面继续深入探索。

我们星系研究的导师

1973年开始，天文界急切需要重新组织队伍，抢回失去的时间。正是戴先生，他率先投入天体物理的研究。那时我们到他家里，总是看到他的书桌上铺满了书。这是他在阅读、分析资料，写评述文章。是他最早认识到，星系是天体物理的一个新兴的领域。也正是在戴先生倡导下，大约在1973—1974年，从学术交流开始，组织形成了南大紫台（星系和高能）天体物理讨论班，这是国内第一个天体物理讨论班，戴先生领导其中的星系研究小组。在1975年，戴先生又组织了"全国天体物理讨论会"。

在1977年的《科学通报》第6期，戴先生发表了《星系的结构和演化》的专题评述。他最早向国内天文界介绍国际上星系、星系团、特殊星系以及星系的起源和演化的研究现状及存在问题。

研究"星系哈勃分类的演化意义"

美天文学家哈勃 1926 年提出了星系形态的哈勃分类。戴先生领导的星系小组，由戴先生、刘汝良、胡佛兴和稍后归队的李宗云组成，研究的总方向是"星系哈勃分类的演化意义"。

戴先生计划分几步走。

一、对基本资料进行系统分析。在戴先生领导下，我们作了《星系质量和角动量的分析》戴文赛、刘汝良、胡佛兴，《天文学报》，1978 年第 1 期，这是他亲自领导下完成的第一项研究。记得当年我们是在南大教室里用台式手摇计算机计算的，计算一个结果，不知道要手摇多少次。后来，我们星系小组还发表了《星系的质量密度和扁度》《星系的结构和自转资料分析》《星系的颜色和质光比》和《星系的气体含量分析》等。在研究中，戴先生放手，鼓励我们独立进行研究。

1977 年 10 月，以第 15 届 IAU 主席、基特峰国家天文台台长里奥·戈特勒尔格（L. Goldberg）教授为首的美国天文考察组来南京。他们一行 10 人，阵容强大。记得还有 V.M. Blanco、E.M. Burbidge、D.S. Heeschen、G. Herbig、A. Sandage、M. Schwarzschild、N. Sivin、H.J. Smith、C.H. Townes 等天文大家。星系方面的研究成果在会上做了报告。先生在 8 月 1 日癌症确诊后，经过几次手术，身体十分虚弱。在会上先生还坚持带病做了"星系质量与角动量的分析"的报告："发现椭圆星系质量分布范围最大，……星系质量与角动量的关系与星系的形态型无关……"会上，美国星系研究的权威阿伦·桑德奇（A. Sandage）教授认为我们的结论非常重要。会后，还有德国专家专门来信向先生请教和讨论这一问题。（文后照片是美国天文考察组乔治·赫比格教授与紫金山天文台同事合影，这可能是现有唯一的美国天文考察组访问南京的照片。）

二、在充分分析资料的基础上，提出对星系演化的总看法。戴先生计划，只要身体许可，准备在 1979 年春天进行。

三、然后再在理论上，对问题的细节进行讨论说明。1979年4月19日，在重病中，戴先生对我们说："（希望你们）以后要搞点理论工作。"可惜不久，4月30日，戴先生就离开了我们。他的星系研究计划未能如愿以偿。

改革开放后，风云变幻，境迁人异。虽然戴先生不在了，刘汝良、李宗云和我都仍然在星系领域的不同方向继续工作。

戴先生的带领，为我们终生的研究指明和确定了方向。也正是在戴先生的放手指导下，我们开始走上了各自独立的星系之路。先生是我们星系研究的导师。

顶风而上、正气凛然的戴先生

那个年代，"宇宙学"的研究、"宇宙膨胀"的提法，是学术界的一个禁区。

我们不会忘记，在1976年7月26日，南片天体物理讨论会合肥会议的第1天，先生通过大量资料的分析，做了关于"总星系的膨胀"的报告。当时"宇宙膨胀"这种提法不能讲，就改头换面，用"总星系""有限总星系"这些名词。

会前，大家力劝先生要小心"慎言"。但戴先生却认为，应该坚持真理。他说："这是一个学术问题，我的观点应当充分阐明。"令人钦佩的是，戴先生正气凛然，不听劝告，不顾个人安危，坚持做完了报告。

科学的春天到来了。1977年，在南片天体物理讨论会后期，先生又发起和组织了以中国科技大学教授为主讲的广义相对论学习班。近百名天文、物理工作者，来自北京、上海、苏州、合肥和昆明等全国各地，赶来南京参加这一学习。与以前戴先生在合肥做"关于总星系膨胀"报告时提心吊胆的紧张气氛相对照，大家心情舒畅，气氛活跃。戴先生又像1960年代与我们一起上孙景李老师的电动力学课一样，从始至终参加听讲，认真做笔记，认真参加讨论，甘当"小学生"。学习班上，戴先生虚心学习、治学严谨，又一次给我们留下很深刻的印象。

这个学习班进一步推动了全国天文界广义相对论和宇宙学的学习和研究。在这一点上，戴先生又是功不可没。

于庚子重阳

南京双门楼宾馆
美国天文考察组乔治·赫比格教授（George Herbig）与紫金山天文台同事合影
左起：初毓华，王传晋，George Herbig，胡佛兴，杭恒荣，刘汝良
（照片来源：王洪池）

30 | 怀念恩师戴文赛先生

郑学塘 | 南京理工大学

    1959年9月，我们怀着喜悦的心情和对未来的向往跨进南京大学校门，开始大学学习生活。我们来到南大天文台，这是一座绿树环绕、环境幽雅的院子。在那里我见到一个戴着一副金丝边眼镜、头发有点花白的老教师，他就是数学天文系副主任、后任天文系主任的戴文赛教授。戴先生早年在英国剑桥大学攻读天文学，1940年获英国剑桥大学博士学位，回国后先后担任燕京大学、北京大学和南京大学教授。尽管戴先生已回国多年，但仍然保持着一种和蔼可亲的绅士风度和学者气质，给我留下了深刻的印象。

    进校后我们学习的第一门天文课程是"普通天文学"，这是天文学入门，也是天文学最基础的课。教材采用苏联著名天文学家波拉克教授著作、戴先生等翻译的《普通天文学教程》，并由戴先生亲自给我们讲授。戴先生白天在教室里上课，晚上在大操场教我们认星星。他用一个手电筒，在满天繁星的夜空中指指画画，用清晰缓慢又略带福建口音的普通话娓娓而谈，讲解天空中各个星座和相关恒星的名称、星等以及谱型等，十分耐心地指点我们认识大熊座和北斗七星，猎户座和全天最亮的天狼星，天琴座和隔（银）河相望的牛郎、织女星等，还讲了一些有关的希腊神话故事。大家听得津津有味，流连忘返。

最令人难忘的是这门课程的考试采用口试方法。考题由戴先生事先写在纸条里，让我们随机抽取。我们根据题意逐题回答，然后再由戴先生提问，我们回答，直到戴先生及其助手认可为止。这种考试方法还是第一次遇到，后来也很少见到。虽则对学生来说，难度有所加大，也更灵活了，但对教师来说，也大大增加了工作量。我们在戴先生指导下，渐渐认识了太阳系里大行星及其卫星、小行星和彗星，太阳系外的其他恒星、星云、银河系和其他的星系，了解了各类天体是怎样形成、演化以及它们的运动方式等，还了解了诸多天文仪器以及各种天文观测和研究方法。戴先生就这样渐渐将我们引进星空世界，走上从事天文工作之路。我们这届同学遍布各个天文台站和大学天文系，多人荣获各类奖项，为我国天文事业的发展做出巨大贡献。

1964年9月我到北京师范大学天文系任教后，与戴先生见面和受教诲的机会就少许多。北师大天文系成立于1960年，是新中国继南大天文系之后第二个天文系，也是北京和北方唯一一个天文系。由于北师大天文系教师大多毕业于该校物理系，缺少天文方面的知识。戴先生十分关心北师大天文系的成长，得知此情况后，帮助安排北师大青年教师先后到南大天文系进修，全面而又系统地学习天文方面课程，这对北师大天文系后来的发展起了极其重要的作用。曾任中国天文学会副理事长、北师大理学院院长的何香涛教授，北京天文学会理事长、北师大天文系系主任的李宗伟教授等都曾在南大天文系进修过，并得到戴先生的悉心指导。

戴先生知道北师大天文系新建，缺少天文方面的图书资料，就将自己的著作、收藏的天文书刊，包括早期英国皇家天文学会月报 MN 等珍贵资料都无偿地赠送给北师大天文系。戴先生还亲临北师大天文系做学术报告，介绍他自己有关太阳系起源和演化的科研成果以及国内外天体物理研究新进展。戴先生来北师大天文系，我都参加接待工作，也多一次受教育机会。在戴先生等天文名家的大力支持和帮助下，北师大天文系迅速成长。后来不仅在天文界占有一席之地，而且在航天界、气象界、测绘界和数学力学界也颇有影响。

1964年秋，我参加北京天文学会组织的天体力学讨论班。讨论班由时任北京天文学会理事长赵进义教授主持，参加者是在京的数学、天文、力学和测绘界的天文学会会员10多人，大家相互交流有关天体力学和天文动力学方面研究新进展。赵先生为人谦和，早年留学法国，1928年获里昂大学博士学位。回国后在中山大学、北平师范大学等任教授，是著名数学家、天体力学家。赵先生和一些老会员常常对我说些北京天文学会早年往事，他们十分赞赏戴先生。戴先生回国后任燕京大学理学院教授。1952年院系调整，燕大并入北大，戴先生任北大数学力学系教授。戴先生十分关心国家天文事业，积极筹建北京天文学会。他联络在京的物理、数学、测绘和自然科学史界同仁，在竺可桢先生倡议和戴先生努力下，1952年12月22日成立了北京天文学会，因此北京

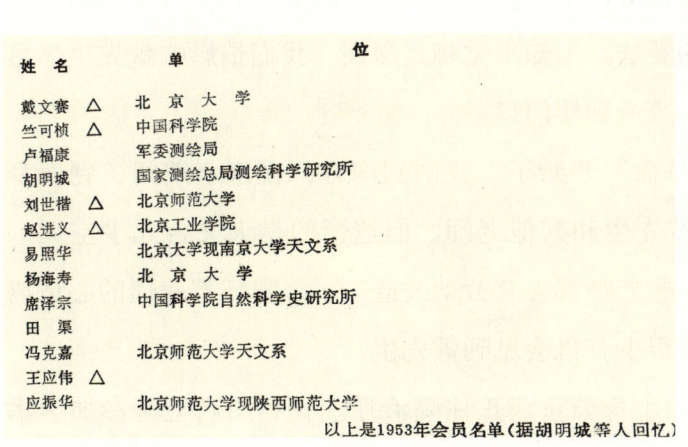

北京天文学会会员名单

天文学会的建立戴先生功不可没。大家推举戴先生任首届理事长。

据国家测绘局测绘研究所胡明城等回忆，北京天文学会刚成立时有会员10多人，除了竺可桢先生（1890—1974）和戴先生（1911—1979）外还有：早年留学法国的数学和天体力学家、北京工业学院（北京理工大学）赵进义教授（1902—1972），早年留学法国的物理和天文学家、北京工业学院（后调西北工业大学）田渠教授（1900—1957），早年留学日本的天文、气象和地球物理学家、自然科学史研究所王应伟研究员（1877—1964），留学美国的大地测量学家、国家测绘局测绘研究所胡明城研究员（1917—2010），大地测量学家、总参测绘局研究所卢福康研究员（1911—1995），天文和气象学家、北京师范大学刘世楷教授（1897—1966），天文学家、北京师范大学冯克嘉（1923—2007）和应振华（后调陕西师范大学），天体力学家、北京大学（后调南京大学）易照华（1931—2017），天体物理学家、北京大学杨海寿（1927—2013），自然科学史研究所席泽宗（1927—2008），等等。

"文革"前夕，戴先生在北京社会主义学院学习，我和童彝（南大天文专业60届毕业生）一起去拜访他。戴先生见到我们十分高兴，询问我们工作情况并勉励我们不断学习。他希望我们在做好教学工作同时，要多看国内外最新资料，逐步开展科研工作。他也希望我们帮助北师大天文系越办越好。戴先生侃侃而谈，谈着谈着就介绍他对木星、土星、天王星的卫星和小行星带的形成以及角动量分布等一些新的看法。不知不觉聊到深夜，我们怕影响戴先生休息起身告辞，戴先生将我们一直送到楼门口。

1966年夏，"文化大革命"开始了。我回到南方，在南京期间，到南京大学和南大天文台去拜访戴先生和其他老师。但遗憾的是天文台几乎空无一人，据台里人说戴先生和一些老师都去"劳动改造"了。我怀着悲愤的心情离开了南大天文台。这以后就很少有机会见到戴先生。

1978年夏，我听说戴先生身染重病正住院治疗。我利用到上海参加学术活动机会，特地在南京小住数日，去看望戴先生。我与南京同学相约一起来到

125医院探望戴先生，戴先生就坐在病床上与我们聊天。他不顾自己的病痛，向我们介绍他对我国天文事业发展的一些设想并希望我们大家一起共同努力做好这些事，这是我最后一次见到戴先生。次年4月，一代宗师与世长辞，随春风而去。

值得称颂的是戴先生非常爱惜人才，乐意帮助年轻学子。在1980年代中，我的老师、南大天文系易照华教授来京，有一次在我家做客，席间谈起戴先生是如何将他带进天文领域的一段往事。建国初期，易老师是北京大学数学力学系学生，喜爱天文，常常参加天文小组活动。戴先生是北大数学力学系教授。易老师与戴先生同在一个系，又常参加天文活动，由此相识并逐步熟悉。1952年夏，易老师毕业后曾在北京工业学院（现北京理工大学）任教，师从赵进义教授学习天体力学。但易老师还是想报考北大数学力学系研究生，继续深造。戴先生十分赏识易老师，主动表示要招他为自己研究生。

1954年戴先生调到南京大学数学天文系任副系主任，负责天文教学和科研工作，不久易老师也跟随来到南京大学。易老师的兴趣不在物理和天体物理，他更喜爱也擅长于数学和天体力学。戴先生为人十分宽容，他同意易老师改做天体力学方面毕业论文，并帮助联系了著名的天体力学家、紫金山天文台台长张钰哲和上海天文台台长李珩指导易老师完成毕业论文。在张台长、李台长和戴先生的指导下，后来易老师终成天体力学方面一代大师。

1956年年初，我国提出"向科学进军"。为了培养更多的科技人才，这年大学扩招，南大天文专业也增加招生名额。1960年，这届学生毕业后有些不在天文岗位上，戴先生觉得十分可惜，于是想尽办法帮助他们回到天文单位。这年北师大天文系成立，初建系时需要引进一些天文人才。戴先生得知这个信息后，立即向北师大天文系系主任冯克嘉教授推荐了60届毕业生童彝和吴必信，不久他们相继从四川大学数学系和云南大学数学系调入北师大天文系，为天文系的发展做出贡献。

戴先生在南大天文系先后培养了不少研究生，但他1966年后毕业的研究生无一例外地都分配在最基层的工厂企业里,包括我的同班同学张明昌和李宗云。1976年,"科学的春天"到来,戴先生始终没有忘记自己的学生,千方百计、几经波折,终于又一个不漏地帮助他们回到天文队伍中,为我国天文事业的发展又尽了一份力量。

虽然戴先生已逝四十多年,但其高风亮节、为我国天文事业发展所做出的巨大贡献,永远铭记在一代天文人心里。值教师节来临之际,谨将此文敬献给恩师戴先生。

2020 年 9 月 9 日

31 | 亲切指导 师恩难忘

厉国青 | （原）北京天文台天津纬度站

往事焉能如烟，师恩永驻心间！

我永远不会忘记恩师戴文赛先生。是他，给我们同班同学教授了天文基础课程。大学日记里写着："1959年9月7日，周一，晴。上午上了大学里最早的一课——普通天文，是戴文赛教授讲的，很生动。"先生当年用他翻译的苏联波拉克著书《普通天文学教程》，加上自己的广博知识，教授这门课程。也是他，指导我写了第一篇公开发表的学术论文——《元朝的纬度测量》。

1975年初冬，在天津宾馆里，毕业十一年后又见到了先生，我十分高兴。经历风雨，先生的精神还好！能够参加全国整理研究祖国天文学成果交流的第一次会议，说明处境也是好转啦！

那时我正参加天津天文馆的筹备工作，纬度站又交给我元朝天文大地测量的研究任务。我把油印的打字稿在会上交流后，天文学报编辑发言，希望提高后投稿，先生也关注到他学生的工作了。后来我写信向先生报告了进一步的工作，问能不能去南京拜访，当面聆听老师的指导？先生很快回复同意。

1976年清明节后，我到了南京。先生和我叙谈一会儿，就拿出他亲笔写的几页稿纸，毫无保留地说了想法。他认为郭守敬是位著名科学家，谈起他主持的四海测验有哪些意义。"要研究好，我提了点，你们做个参考吧；测量的结果要做分析，我那里用了一些球面天文的公式，你也学过的，可以算算。"

临别时，先生说："我写的那些，你拿去吧。不适宜的可以放一边；觉得有用的地方，你们可以用。你们是专门研究纬度的，文章发表的时候，不要提我。"回天津把情况告诉了合作者裔培荣（他也是先生的学生），我们都觉得先生是认真细致做过事前准备的，对学生工作的支持毫无保留。在学术上，他提示我们把近现代的天文数学工具用到古代天文的研究中去，更让我们受益匪浅。尤其可贵的是，先生付出了很多，却不愿人提一下他的指导，这，只有品德极高尚的人才能做到啊！

1977年，元朝的纬度测量刊于《天文学报》18卷第1期，出于尊重，没有提先生，其他人也都没有提。因为有了先生的指导，论文质量提高了，学术上引用的很多；历史、地理、政治界也重视，挖掘的史实被用在外交部关于南海诸岛主权的正式声明中。后来听到先生有恙，我们曾去他家看望。2000年在《厉国青文稿选》中，对先生作了"特别补谢"，以告慰敬爱的先生在天之灵。

32 为天文系的发展呕心沥血
——怀念戴文赛先生

唐玉华（执笔）｜南京大学
崔连竖｜南京炮兵学院

佛兴校友，谢谢你通过刘炎转来了"缅怀戴文赛先生"的文集资料，我们已认真拜读，写得很全面。感谢你为天文界做了一件好事，戴先生是天文系的先驱者，是永远值得我们怀念的一代宗师！

根据崔连竖（在1973—1979年时期他负责天文系的教学工作）的回忆，补充几件戴先生在这段时期对天文系恢复正常教学秩序的贡献中，别的老师未提及的事，文中涉及的戴先生的话，因年代久远，很难说是"原话"，只能是"原意"。

提携青年教师　引进人才

1977年南京大学校长匡亚明复出后，面对高校恢复招生，深感教师队伍力量不足，决定在南大青年教师中破格晋升一批教授和副教授。当时崔连竖去学校开会后，回来向戴文赛先生汇报，并听取戴先生意见。当时戴先生说，推荐破格晋升既要照顾天文学科的发展，又要考虑被推荐的青年教师教学科研成果相对比较多。当时戴先生推荐了天体物理的曲钦岳为破格晋升教授的人选，天体力学的刘林为破格晋升副教授的人选。系里根据戴先生的意见报送学校后两位老师顺利破格晋升。

刘林老师还参加了1978年3月18日在北京人民大会堂召开的全国科学大会（南京大学组团中天文系由戴文赛、刘林参加）。当时戴先生因病住院，未能出席，但他的科研成果"论太阳系起源"被带至大会展览，并获得了"全国科学大会奖"。会后刘林老师专程去上海瑞金医院，将大会的一切资料送给戴先生。

当时南京大学除在本校青年教师中破格提拔优秀青年教师外，还鼓励各系引进优秀人才，充实南京大学教师队伍。

1977年夏天开"黄山会议"时，曲钦岳老师跟崔连竖说，陆埮想调入南大天文系工作。会议后，崔连竖去上海瑞金医院向戴先生汇报工作，也谈到了陆埮想调到南大天文系工作。戴先生说："陆埮和内蒙古大学的罗辽复合作，工作做得很好，调来后，可与曲钦岳，汪珍如一起组成一个很强的小组。"在戴先生的指示下，将原来在南京电讯仪器厂工作的陆埮顺利地于1978年年初调入南大天文系工作。

随后，在1977年年底，黄克谅跟崔连竖说，彭秋和想调到南大天文系来。崔连竖到上海瑞金医院看望戴先生时汇报了这件事，戴先生说彭秋和理论基础扎实，调入天文系后，可与黄克谅、黄介浩组成一个组，那恒星物理就有两个很强的小组了。但当时紫台已接受了彭秋和并上报了省科委，崔连竖找了当时紫台的党委副书记赵文彪先生和副台长赵先孜先生，赵先孜副台长说："如果省科委同意放，我们就放。"于是，崔连竖找了当时南大的党委书记章德，希望学校支持。章书记很爽快地说："应该没问题，你去科委找甘霖（当时的科委主任），甘霖我熟悉，我给你写张条子。"崔连竖拿了章书记的条子找到甘霖，甘霖主任同意了，彭秋和就于1978年春天调入南大天文系工作了。

加强基础理论学习和研究

1973年以后,大学校园逐步恢复正常,大学复课后,到底恢复上哪些课,也存在争议,特别是要不要上那么多"理论物理"课,当时物理系就没有恢复上全部的"理论物理"课。当时崔连竖征求戴先生意见,戴先生说,应该上,要加强基础理论教学,只有把基础理论学好了,才能做好科学研究。于是当时将物理系的范伯宸(上流体力学课)、孙景李(上电动力学课)、龚昌德(上热力学与统计物理课)等老师都请到天文系来上课(当时他们在物理系不上课),系里还安排了许敖敖和我去参加辅导。从此,物理系的上理论物理的老师跟天文系的关系特别好。几十年后,到我负责系里工作时,聊起这段历史,都说是一段难忘的记忆。几位老师都认为天文系有重视基础理论教学的好传统,这与戴先生的重视基础理论教学的谆谆教导是密不可分的。

戴先生的赠书

"文革"前，戴先生和于光远先生曾计划合作写一篇有关天体演化的文章，后来暂停了。1973年北京开天文大会时，戴先生叫黄克谅、崔连竖陪他去拜访于光远先生。戴先生说，有关基础理论的研究工作，我们要继续做下去。当晚两位前辈关于宇观、关于天体演化讨论甚欢。回南京后，戴先生组织了朱慈壋、黄介浩一起研讨，最后由黄介浩执笔，写了一篇文章，发表了。因年代久远，崔连竖只记得有此事，但记不起文章的题目和发表在哪个杂志或报刊上了，连黄介浩也记不得了。

谨以以上几件事缅怀戴文赛先生在1970年代对天文教育与科研、对天文系的发展所起的领航和砥柱作用！

我很惭愧，望着书桌上厚厚的（1049页）的一本戴文赛先生的《受控热核反应》（卢鹤绂、周国庆、许国保等编著），也回想不起来戴先生哪年送给我的，在后来与许敖敖老师合作编写《宇宙电动力学导论》和上"磁流体力学"时认真读过这本书。见书如见先生，戴先生的音容笑貌、学者风范、对后生的谆谆教诲，永远铭记在心。戴文赛先生永远活在我们心中！

2020年9月8日

33 | 戴文赛先生和宇观概念

卞毓麟｜上海科技教育出版社

提出"宇观"概念，论证确立这一概念的依据，探讨微观、宏观、宇观三者之间的差别和联系，阐发其理论价值和实际意义，是戴文赛教授对天文学及天文学哲学的一项重要贡献。如今，他提出的"宇观"概念是否已为学界和社会普遍认同？我们不妨试看数例。

《辞海》中有个词条"宇观"，释义为："人们可以直接观测但不能以物质手段加以影响或变革的时空区域。包括星团、星系、星系团、超星系团、总星系以及遍布于宇宙空间的射线和引力场所构成的物质系统。1962年由中国天文学家戴文赛提出。宇观规模的物质过程具有高密、高温、高能、高压、大质量、大尺度、大时标等不同于宏观规模的物质过程的特征。"值得顺便一提，《辞海》历史悠久，自改革开放以来，遵循十年一修订的方针，前后诸版条目增减改写有相当大的变化。但查最近三个版本，即"1999年版""第六版"（2009年）和"第七版"（2020年）的《辞海》，"宇观"条目的上述释义稳定不变。

于光远先生为编委会主任的《自然辩证法百科全书》（中国大百科全书出版社，1995年），是一部在哲学界和科学界影响相当广泛的著作。其39位编委会委员中包括王绶琯、席泽宗两位天文学家，且天文学哲学分支学科编写组由席泽宗兼主编（注：殷登祥和卞毓麟为副主编）。此书"微观与宏观"条目介绍：

> 中国著名的天文学家戴文赛于1962年首次提出了宇观概念，这对于进一步揭开宇宙的秘密和探讨宇微世界的联系都有很大的意义。戴文赛认为宇观过程的主要特征是它牵涉的质量很大，所占据的体积也很大，万有引力作用最为重要，主张用客体的空间尺度或相互作用的性质来标明微观、宏观和宇观概念的含义……

> 20世纪以来特别是战后，随着大型光学望远镜、射电观测技术、空间技术和电子计算机的应用，现代天文观测获得了一系列新的重要发现，大大地改变了人们的宇宙图景。在这种情况下，<u>中国著名的天文学家戴文赛于1962年首次提出了宇观概念</u>，这对于进一步揭开宇宙的秘密和探讨宇微世界的联系都有很大的意义。戴文赛认为宇观过程的主要特征是它牵涉的质量很大，所占据的体积也很大，万有引力作用最为重要，主张用客体的空间尺度或相互作用的性质来标明微观、宏观和宇观概念的含义。同时有人主张以物理常数来区分，有人主张以多参

《自然辩证法百科全书》关于戴文赛首次提出宇观概念的述评

在全国科学技术名词审定委员会公布的《自然辩证法名词》（科学出版社2004年版）中，"总论"部分收有词条"01.081 宇观 cosmoscopic"，紧随其后的两条是"01.082 宏观 macroscopic"和"01.083 微观 microscopic"。

人们对于"宇观"概念及其表述，仍有诸多不尽相同的理解，但对戴先生首先提出这一概念却众口一词，交相称赞。本文谨简要回顾戴先生提出"宇观"概念的背景和核心内容，以及后来的发展，兼志对先师的深切缅怀之情。

将近60年前，戴文赛先生在《哲学研究》1962年第4期上发表了《宇观

的物质过程》一文。当时，我是南京大学天文系二年级的学生，拜读此文顿觉眼界大开。戴先生在文中明确提出："根据现代天文学的许多研究结果，看来有必要引出'宇观'这个概念来表征宇宙规模的物质过程。"这篇奠基性的论文发表在《哲学研究》上，可见戴先生是先从哲学的角度来探究这个问题的。他的论述表明，有无必要和可能提出"宇观"这一概念，并不是一个脱离实践的纯思辨命题，而是科学发展的自然结果。

对于建立宇观概念的意义，戴先生作了中肯的分析："第一，明确了宇观过程和宏观过程的确存在客观的差异……便不会把那些只适用于宏观过程的规律任意推广到宇观过程。第二，宇观概念的建立，可以推动我们更全面深入地探讨宇观过程的特征和规律，包括万有引力的本质，宇宙斥力或宇宙引力是否存在，其本质如何，是否存在着其他的作用力，超密物质和弥漫物质是否在某种意义下组成了一种物质循环，是否存在着由反物质构成的星球等问题。第三，明确了有些宇观过程就是只有在宇观条件下才能够天然地发生的微观过程……发挥人的主观能动性，在地上创造或模拟宇观条件来使这一类的微观过程发生……对于物质结构的研究和新能源的探索将有很大帮助。第四，从哲学上看，宇观概念的建立将使我们更加理解自然界物质运动是按照由量变转化为质变的辩证法规律进行的，也使我们更加认识自然发展中矛盾运动的特殊性。"

1964年，戴先生继而在《南京大学学报（自然科学版）》第8卷第1期上发表《宇观过程的特征》一文，以天文学的专业语言深化了有关的科学论证，丰富和发展了有关宇观物质过程的基本思想。当时我已在天文系上四年级，学习此文后写了一篇读书笔记式的文章，张贴在汉口路校区宿舍区进门右侧的板报栏中。戴先生在文中列举了10种自然现象作为提出宇观概念的科学依据。它们是：天体的机械运动，恒星系统的运动特征，自吸引气体团的凝聚，恒星内部的天然核反应，原宇宙线的产生，天然禁戒谱线的产生，流体力学现象同电磁现象的耦合，超密态物质，引力场中空间的弯曲，以及天体的演化。有人认为也许还能列举更多的依据，我觉得这并不是问题的关键。重要的是，戴先生的分析已经表明提出宇观概念并非人为，而的确反映了客观实在。

在哲学方面，戴先生认为："宇观客体和宏观客体在质量和尺度方面的差别不亚于地上常见的宏观客体和微观客体的差别""量的巨大差异导致质的显著不同"。"自然界一切事物是质和量的统一体，都是'度'。宇观、宏观、微观的区别即在各具有不同的度，既有质的差异，又有量的差异。三种度的基本矛盾都是吸引和排斥的矛盾，按目前科学水平来看，吸引方面的主要因素为万有引力作用时，那种过程就可以称为'宇观'过程。"

戴先生还在此文中指出："'宏'（希腊文 macro）和'微'（micro）的区别本来仅仅是'大'和'小'的区别。"然而恒星层次的太阳却决不可与地上的宏观物体同样看待。他将太阳这个庞大的气体球与地上的气团做了具体比较，说明量的差异（质量悬殊）引起了质的显著不同。地球上任何一团气体非得有容器盛置才能保持不扩散，而太阳则由于它的巨大质量产生了巨大的自吸引，因而可以自动保持为圆球形。还是由于太阳的巨大质量，其核心部分因受外部压力而达到很高的温度和密度，致使热核反应能自动地发生，并不断地辐射能量，从而发光，成为一颗恒星。地球上的任何宏观气团就绝不会如此。通过这些例子，戴先生引出结论："这样看来，有必要在微观和宏观之外，加上宇观这个概念，把太阳、恒星、地球、行星、星云、星系列为宇观客体，把牵涉到它们的物质过程称为宇观过程，而把宏观物体局限于地上常见的以厘米、米量度的物体。"

同在此文中，戴先生基于前述而将宇观过程的特征概括为 4 条。

（1）都牵涉到很大的质量。它是引起宇观和宏观的区别的根本因素。

（2）一般都牵涉到大的体积。只有对于超密态物质，体积可以不很大，但尺度至少仍得以公里量度。

（3）由于质量大，万有引力常成为一个很重要的因素。

（4）牵涉到宇观过程中的物质大多高度电离，又大多位于磁场中，因此除了万有引力外，常需考虑电磁作用，运用等离子体物理和电磁流体力学的规律。

此后十年,宇观问题无从谈起。在此期间,1974年曾有一本名为《宏观世界、巨大世界和微观世界的空间和时间》(Пространство и время в макро-, мега- и микромире)的俄文书问世,中国社会科学出版社于1985年推出其中文版。书中所说的"巨大世界"可同"宇观"相互观照,但内涵和视角很不相同,有兴趣的朋友不妨自行查阅。

其后,戴先生又同陆埮、胡佛兴合作,在1977年第1期《物理》杂志上发表《微观、宏观、宇观》一文。文中对宏观与微观的分野做出清晰的陈述:"宏观客体与微观客体有质的差别。微观客体运动规律中通常遇到的作用量与普朗克常数 h 在量级上可以比拟,而宏观客体运动规律中通常遇到的作用量比 h 大得多。微观粒子表现有明显的波粒二象性,宏观客体一般不呈现波粒二象性。微观粒子的运动特征表现为量子规律性,而支配宏观客体运动规律的是经典物理学。只有在十分特殊的情况,譬如在超低温下,才会出现一些宏观的量子现象,如超导电性、超流动性。"

此文在讨论宇观与宏观的差别时,回顾了1962年"没有对宇观的概念做出明确的规定"之憾,然后接着说:"我们规定:把主要吸引因素为万有引力的物质客体称为宇观客体。宏观客体和分子、原子这些微观粒子间的相互作用实质上主要是电磁相互作用,它主要由物体的物理状态决定;而宇观客体内部则主要是万有引力相互作用,它主要由客体或系统的总质量所决定。"

戴先生等在此文中对宇观和宏观客体的分界线做了这样的估计:一个均匀球表面的分子受到两种束缚力的作用,即范得瓦尔斯力和万有引力。一个分子要从球表面逃逸,需克服周围分子的范德瓦尔斯力而做功 W_v;这分子要逃离球体,则必须克服整个球体的万有引力而做功 W_g。他们合理地规定当 $W_g < W_v$ 时,客体为宏观的;当 $W_g > W_v$ 时,则为宇观的。取类地行星密度为4克/厘米^3,则可算出满足 $W_g \approx W_v$ 的球半径临界值为 $R \approx 1200$ 千米,质量 $M \approx 2.8 \times 10^{25}$ 克,可大致认为这"是宇观客体与宏观客体分界的一种估计"。

《微观、宏观、宇观》一文还讨论了微观和宇观世界的主要层次，主张：微观世界有两个主要层次，即强子和原子；宇观世界有三个主要层次，即行星、恒星和星系；宏观世界则包括人们常见的物体和小天体。另外，还有一些副层次。对此，全文有一个开放式的结语："我们尝试对微观、宏观和宇观世界划分出一些主要层次，而把核子团（即原子核）、原子团（即分子）、恒星集团、星系集团等只作为介于主要层次之间的副层次。但是宇观与宏观的差异，究竟是像宏观与微观之间那样的本质区别，还是仅仅是量的差异？究竟是两者具体条件的不同，还是在其规律性上有根本的变化？问题还不十分清楚。我们希望，宇观概念的提出和天体层次的分析将有助于对这些问题的回答，有助于对星系层次结构和规律的了解，有助于对自然界认识的深化。"

1979年4月30日，戴先生与世长辞。此后，我国天文学和哲学工作者对"宇观"概念仍时有研讨。我本人有两篇论文颇受人们关注，其一为约6500字的《"宇观"概念评述》，刊于《自然杂志》1982年第3期。末节"一些值得探讨的问题"包括"定义的精确化""黑洞的地位""极早期宇宙学""大数假说与宇微联系"等。其二为约17000字的《宇观概念的发展——纪念著名天文学家戴文赛教授》，收入中国自然辩证法研究会天文学专业组编的《天文学和哲学》（中国社会科学出版社，1984）一书。文中"20年来天文学的巨大进展"一节认为"所有这些新发现无一不醒目地展示出宇观客体与宏观客体、宇观现象与宏观现象、宇观过程与宏观过程的巨大差异"并据此进一步讨论了宇观过程的基本特征。文章的最后一节详述"有待进一步讨论的若干问题"，全文"结束语"有云：

> 近代自然科学与古代科学有着本质的区别。古代科学基本上是现象的记录和描述、经验的总结与猜测性的思辨，它通常是直觉的，往往缺乏严密的逻辑体系（欧几里得几何学则是一个突出的例外）。近代科学把系统的观察与实验同严密的逻辑论证紧密地结合起来，形成了以实验事实为依据的科学理论体系。

犹如一个受精卵在发育为成熟胎儿的短暂过程中，竟会完整地重演出整整一部生物进化史那样，一个重要的科学新概念从它的胚芽模模糊糊地浮现在人们的脑际，直到发育成一棵根深叶茂的大树，往往也会或多或少地重新展现出从古代科学发展到现代科学这样一幅生趣盎然的画卷中的一些主要环节。那么，目前"宇观"概念这颗种子究竟成长发育到了什么阶段呢？

这无疑是一个值得深究的问题，而我们的任务则是尽可能透彻地回答它。

这些文章，我曾与陆埮交流过，只可惜再无机会领受戴先生的亲炙了。

天文学的发展突飞猛进，今天我们依然有必要基于新的成果、理论和方法，像戴先生那样不断深入地研究宇观概念，使之更趋精确和完善。勇于探索、奋力前行，戴先生的治学精神和态度永远是我们行为的楷模！

34 | 做人如水，做事如山
——深切缅怀戴文赛老师

卞毓麟｜上海科技教育出版社

华夏子孙素将"做人如水，做事如山"奉为至善美德。是啊，这也正是戴文赛先生一生的写照。戴先生离我们而去已40余年，亲友弟子深情缅怀的文章不胜枚举。

遥忆2002年，南京大学百年校庆又逢南京大学天文学系建系50周年。5月19日上午，"戴文赛教授铜像揭幕式"在南京大学天文系举行，77岁的戴师母刘圣梅老师亲临会场并讲话。这一幕使我想起，再往前六七年，刘老师曾函嘱写点回忆戴先生的文字，一则寄托对先师的思念，二则也为写一部较完整的《戴文赛传》多积累一些素材。这确实是我的心愿。然而出于种种原因，夙愿却未付诸行动。铜像揭幕令我猛醒：将感怀师恩之情付诸笔端，确是刻不容缓的了！

我曾从不同的视角写过一些纪念戴先生的文字，今于戴先生110周年诞辰之际，择要修订增补，再表对恩师的眷念与感激之情。

"我的病不是癌症"

戴先生生于1911年12月19日,1940年在英国剑桥大学获博士学位。回国后曾任中央研究院研究员,燕京大学教授;中华人民共和国成立后,先后任北京大学、南京大学教授,南京大学天文学系主任。先生待人和善,举止儒雅,深受全系师生爱戴。1960年我考入南京大学数学天文学系(从1962年夏开始,分为数学、天文学两个系),戴先生亲自授课的情景,如今依然历历在目。

1979年4月30日,戴先生因患癌症而与世长辞。1977年8月至1978年3月,他曾在上海市瑞金医院住院治疗。刘圣梅老师任职于南京大学图书馆,外语功底深厚,这时只好放下工作,在医院日夜照料陪侍。那几年,我刚好从中国科学院北京天文台借调到上海参与筹建拟议中的"上海天文馆",遂得以常赴医院探望老师,还帮他老人家做点买药、抄稿、找资料之类的工作。

老师身患绝症,我也像其他人一样,非常谨慎地不向他本人详询病情。然而,令我惊奇的是,在一次探视中,戴先生竟然很认真地对我说:"我的病不是癌症。"并花了不少时间来阐述做出这一判断的依据。很清楚,关于戴先生的真实病情,当时对他本人是绝对保密的。医生编了一套说辞来让这位天文学家宽心,看来戴先生是相信了。(今天回想,戴先生何其聪明,对此恐怕未必会信以为真吧?莫非他心知肚明,但是为了宽慰周围所有的人,而假装认同了这善意的谎言。唉,这看来永远是个谜啦!)刘圣梅老师很令人钦佩,她当着戴先生的面,始终保持着笑容,只是泪水却在往肚里流。

入住瑞金医院后,戴先生于1977年8月4日做了肠癌手术。由于发生肠梗阻,不久再次手术。8月29日,先生入住九病区高干病房。住院期间,他身体相当虚弱,但仍然完成了大量工作,包括继续研究太阳系的起源和演化,定稿30余万字的专著《太阳系演化学(上册)》,以及完成《天体的演化》一书的校订等。为此,先生在病房伏案工作的时间甚长。有一次我前往探视,与戴先生同住九病区的一位将军对我说:"你们的老教授真好,一点都没有架子,还教我们打桥牌。但他有一个缺点,那就是每天工作的时间太久,这对身体很不利。你是他的学生,要劝说他注意好好休息。"

显然,这种劝说是徒劳的。当时,正值"科学的春天"到来,像戴先生这样的科学家是不可能"好好休息"的。那时,我三十四五岁,和前去探视戴先生的其他许多学生一样,被他的工作热情深深感染了。结果,他的单人病房就成了"会议室",在那里,不同的探视者跟着病人究竟开展了多少次学术讨论,恐怕就难以统计了。

1978年1月,戴文赛先生在上海瑞金医院九病区与前来探视的卞毓麟谈论太阳系起源问题和科普工作

《太阳系演化学》是戴先生长期研究太阳系演化问题的集大成之作,写书的主要助手是胡中为老师。早在出书之前,为了让我国公众了解戴先生的研究成果,我应《科学画报》之约写了一篇约3000字的文章,题为《太阳系诞生的新学说》,并送先生本人过目。戴先生看后告诉我,此文的写法和他本人正在为上海的《自然杂志》写的一篇文章相似,于是我便请先生指示如何改写。不料先生凝神片刻后竟答道:"你这篇就不必改了,还是我来改写给《自然杂志》的那篇吧。"1978年5月,《自然杂志》创刊号刊出《论太阳系的起源》一文,署名戴文赛、胡中为。我那篇文章则刊登在1978年3月的《科学画报》上,戴先生正好于同月离沪返宁。

当时媒体报道戴先生关于太阳系演化的科研成果，最着力的是新华社江苏分社的记者古平。她花费许多工夫努力搞懂种种相关的科学知识，因怕过多打扰戴先生本人，曾多次找我解惑。她有严重的腰病，常疼痛难当，走路都直不起身子。但是，她深深地为戴先生的事迹所感动，抱病采访，丝毫不耽误进度。她说，我们学习戴先生的精神，一定要见诸行动。上面这张照片（新华社某高姓记者拍摄）就是古平随函寄来的。

1977年10月，《天体的演化》由科学出版社出版。就科学内容的深度而言，这是一本中级偏高的科普读物，书中贯穿着作者对天体演化问题的哲学思考。戴先生亲笔签名赠我一册样书，嘱咐我多提意见，以利日后修订。我谨遵师嘱，很快就认真读完一遍，提出近百条具体的勘误和修改意见。先生非常高兴，对许多意见表示赞同，并说："你标记修改的这一本我留下，我另外再送你一本。"刘圣梅老师直到晚年还屡次重提当时的情景，"另外再送"的这本书至今仍站立在我的书架上。

1978年3月，戴先生离开瑞金医院返回南京。临行前，他拿出一把漂亮的计算尺，告诉我，这是一位美国天文学家送给他的，现在转赠予我留个纪念，并表对探视、关切的感激之情。

先生教我们读书做人，学生自当尽心相报。我做的些许小事，实在无足挂齿。先生雅意，令我受之有愧，但计算尺我还是收下了。随着袖珍计算器的普

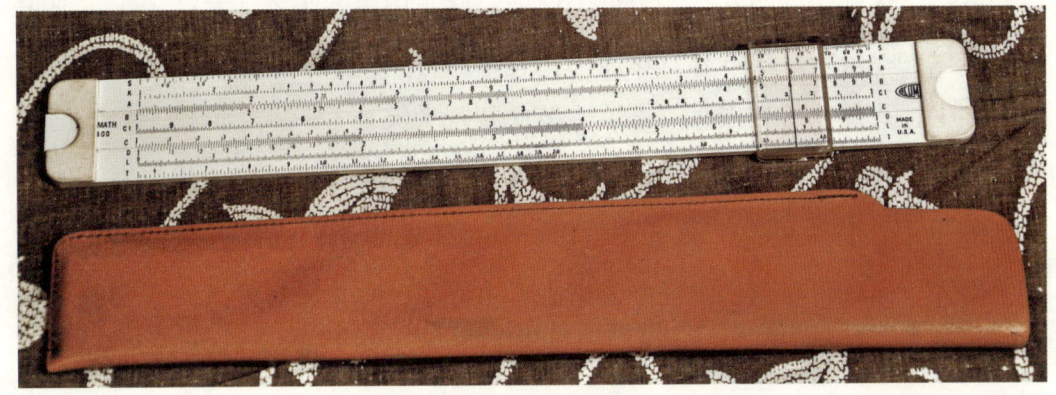

1978年3月，戴先生离开瑞金医院返回南京前，送给卞毓麟留念的计算尺

及和性能的不断提高，这把计算尺早已丧失了实际使用价值。然而，它的意义却与日俱增。20多年来，每当我望着这把计算尺，就仿佛又见到了在病房中奋笔疾书的戴先生。

"你认识文赛吗？"

1965年，我从南京大学天文学系毕业后，被分配到中国科学院北京天文台工作。1988年3月，我由北京天文台公派到英国爱丁堡皇家天文台做访问学者。那时，爱丁堡皇家天文台的台长是在国际上享有盛誉的第九任苏格兰皇家天文学家朗盖尔（Malcolm Longair）教授，我在那里曾得到他的许多帮助。

朗盖尔台长的前任是雷迪什（Vincent Cartledge Reddish）教授，雷迪什的前任则是赫尔曼·布鲁克（Hermann Brück）教授。我去爱丁堡的时候，老台长布鲁克已经80多岁，退休在家多年。他学识渊博，对中国很友好。他的夫人玛丽·布鲁克（Mary Brück）也是天文学家，她还记得几十年前与我国前辈女天文学家邹仪新先生相识的情景。

布鲁克教授伉俪曾邀请我和妻子同到他家做客。非常有趣的是，布鲁克教授特意问我："你认识文赛吗？"

这个问题出乎我的意料，也使我感到好奇。我正要回答，教授夫妇又补充道："他年轻的时候在英国学习天文，非常聪明。"

这时，我说："四分之一个世纪以前，我是南京大学天文系的学生，他是我的教授。"不料，布鲁克教授马上接着说："半个世纪以前，文赛是剑桥大学的学生，我是他的教授。"言罢，彼此相视大笑。

戴先生待学生非常亲切。有一次在天文学系办公楼附近路遇戴先生，他问我到哪里去，我说想找个教室去自修。先生不假思索，立即说道："我正好到系里去，你就跟我到系主任办公室去看书好了，那里没有别人，很安静。"当时我很感动，但又觉得很拘束。而今自己年逾古稀，回首往事，有这样的老师真是幸运啊。

先生博学多才，讲课时逻辑严谨、条理分明。同时，他也很提倡学习的主动性。如今的中国科学院院士苏定强先生，在学生时代就受到戴先生的鼓励，在《天文学报》上发表了很有创见的学术论文。毕业后，苏定强先生曾留在天文学系当助教，他也是我的老师。有一次，苏老师告诉我戴先生在给四年级学生讲授专业课"恒星天文学"中关于银河系较差自转的奥尔特公式时，顺便提道："我们系二年级有个学生对这个公式的推导过程做了一点简化。"这件事说的是我在二年级"基础天文学"课程的一次测验中给出了稍稍简化的推导步骤。

我在大学四年级时写过一篇板报文章，介绍戴先生如何阐述"宇观"概念。有一位青年教师看了，问我是从哪儿弄来的材料。我告诉他，《哲学研究》1962年第4期曾发表戴先生的论文"宇观的物质过程"，我的板报文章仿佛是一篇读书笔记。后来，我对天文学哲学乃至整个科学哲学兴趣甚浓，多少也是受到了戴先生的影响。1984年，我与戴先生的研究生、高我一届的张明昌和刘金沂两位师兄合作，在《南京大学学报（自然科学版）》上发表了探讨戴先生天文学哲学研究的论文。可惜先生已在5年前去世，再也不能指点我们了。1987年年初，刘金沂英年早逝，师母甚是哀痛。

"这两者都是人民的需要"

先生作为一代知名学者，殚精竭虑于科研、教学，累累硕果，桃李天下。而尤其令我感佩的是，他数十年如一日，以科学大众化为己任，身体力行，笔耕不辍，为我国的科学普及事业做出了卓越的贡献。

戴先生做过许多科普报告。当年，他在大众天文社北京分社成立大会上做科普报告的开场白，数十年之后曾听过这场报告的老人们对此仍津津乐道。戴先生向听众提问："今天是1952年4月20日，现在是下午2点30分。这两句话里有多少天文学问题呢？"

深厚的学术功力，兼之良好的文学和艺术修养，使得先生写文章、做报告皆能举重若轻、化难为易。早在20世纪40年代，戴先生留学归国后不久出版的《爱梦河畔》，是一部非常优美的散文集。它既忠实记叙了戴先生留学生活的若干侧面，又生动描绘了当时英国和其他几个国家的社会风貌。如今75年过去，知晓这部作品的后人似已不多，笔者殊觉有必要在此述其大略。爱梦河（Avon）今译埃文河，因莎士比亚诞生于埃文河畔斯特拉特福（Stratford-on-Avon，或Stratford-upon-Avon）而名扬全球。戴先生著《爱梦河畔》于1946年9月由文通书局纳入"风土丛书"出版，全书收录早些年散见于《西风》《旅行杂志》《文讯》等期刊的13篇文章。其中《爱梦河畔》篇冠于卷首兼做书名，随后依次为《剑桥的人物》《剑桥学生生活》《剑桥的五月周》《牛津剑桥赛船记》《温布顿网球赛》《伦敦的戏院》《不列颠岛民》《可爱的早晨》《埃及一日游》《最后一次看见巴黎》和《瑞典印象》。

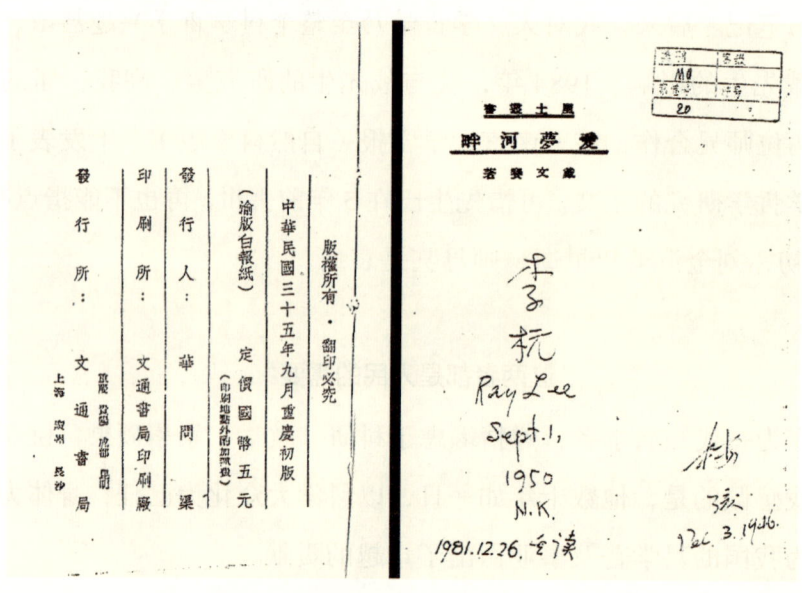

戴先生著《爱梦河畔》一书的扉页（右）和版权页（左）

值得一书的是，从扫描自笔者所藏《爱梦河畔》的一份复印件，可以看到其底本扉页有原书持有者李杭先生签名，时间是1950年9月1日，地点南京（N.K.）。李杭是我国前辈天文科普大家李元（1925—2016）的曾用名，戴先生之于李元是亦师亦友。李元25岁时得到这本书，1981年56岁时又"重读"，可见其爱之深。

《爱梦河畔》中的《剑桥的人物》一文共有四节，依次为"诗人的剑桥""科学家的剑桥""爬墙者的剑桥"和"穿学士服者的剑桥"，读来很有情趣。我常想，如果说唯有如徐志摩者方能写出《再别康桥》这样的诗，那么大概也只有如戴文赛者才能写出《剑桥的人物》这样的散文了。《爱梦河畔》全书清辞丽句，意蕴悠长，此处所示样例足见一斑矣。

20世纪40年代，戴文赛先生回国不久写出的《星空巡礼》，是一部脍炙人口的天文科普佳作。全书8万多字，分为"月光""繁星""朝阳""长庚""北斗""银河""宇宙"7个部分，每一部分各由逐步深入的若干短篇接连而成，共计92篇，都是言简意赅的科学美文。例如，《月光下的艺术家》一篇是这样开头的：

戴文赛著《爱梦河畔》中《剑桥的人物》一文之首页

> 清秀的月光是自然界的一种美景，是一般人欣赏的对象，也常使艺术家得到创作的灵感。李白可以说是我国最喜欢月亮的诗人。《唐诗三百首》里头有31首李白所做的诗，其中有17首提到月亮。常由月光得到灵感，怪不得他的诗做得那么好，而被称为诗仙。

文章介绍李白的《月下独酌》和苏东坡的《水调歌头》之后，又谈道：

> 13世纪意大利大诗人但丁同时是一位天文家，空闲的时候常在观测天象。他的作品（如《神曲》和《新生》）里头充满天象的描写：月亮提到51次，称它为"永恒的珍珠""太阳的妹妹"和"正义的

象征"。11世纪波斯诗人欧玛卡伊安也同时是一位天文家和数学家,在他那些有名的四行诗(我国有一译本名《鲁拜集》)里头也提到了月亮。英国大诗人弥尔顿在他那部伟大作品《失乐园》里头也讲到日月星辰。古今中外还有许多诗人和文学家在他们的作品里头描写天象,尤其是描写月光。大音乐家贝多芬的《月光曲》是很有名的钢琴曲。

在强调素质教育的今天,戴先生这种充满人文色彩的科普风格,无疑是分外值得提倡的。

1979年3月,先生在即将出版的《戴文赛科普创作选集》前言中写下了这样的话语:

> 我是一个科学工作者,我一直认为,科学工作者既要做好科研工作,又要做好科学普及工作,这两者都是人民的需要,都是很重要的工作。党中央发出了"提高整个中华民族的科学文化水平"的号召,科普工作就有了更重要的意义。我们科学工作者,应该拿起笔来,勤奋写作,共同努力,使我们中华民族以一个高度科学文化水平的民族出现在世界上。

一个多月后,戴先生与世长辞。

我大学毕业后,成了一名专业天文工作者。后来,受戴先生的影响,我也创作和翻译了大量科普作品。1998年春,我加盟上海科技教育出版社,专心致力于科技出版事业,包括出版大量从国外引进的和国内作者原创的科普佳作。

我非常赞成戴先生的上述这番话,确实,一名科学家,一个科普作家,必须具有强烈的社会责任感和高尚的职业道德,方能激情回荡,佳作迭出。"这两者都是人民的需要",先生这种强烈的使命感,今天依然是我们做人做事的榜样。

见微知著　山高水长

对于如何理解和阐释"做人如水，做事如山"，人们不免见仁见智。老子说："上善若水。水善利万物而不争，处众人之所恶，故几于道……夫唯不争，故无尤。"这些话既是弘扬水的精神，也是一种处世哲学，深究起来学问太大，我无意为之。

我觉得戴先生做人如水，想到的是他的"淡泊、宁静、宽厚、关怀……"；戴先生做事如山，是他的"高远、博大、稳重、可信……"，这是无论从大处还是小处都可以领略到的，见微亦能知著。

在中国少年儿童出版社的图书编辑出版档案中，保存着戴先生给第三编辑室的一封信。内容如下：

中国少年儿童出版社图书编辑出版档案中保存的戴先生信件

上月廿七日的来信收到了。"十万个为什么"天文分册题目，我只有下列几条意见：

（1）第3条可移入"恒星"类

（2）42条可移入"星座"类

（3）124条中"忽然"两字应去掉，因"消失"是逐渐的

（4）69条"有的月亮"恐为"有的月份"之误

（5）11条未知如何写，事实上有些星球不是圆的而是扁圆的（自转快）或蛋形的（密近双星的子星）

我们在这里学习，为了学好，领导上要求完全摆开业务。因此若把全文寄给我，恐没有时间详看。我较熟识的十来条（新写或修改的）可以详细看。

函件落款无年份，仅署"戴文赛十一月七日"。实际时间应是《十万个为什么》第1版（1961—1962年）出版之后，第二版问世之前的1964年11月7日。"在这里"，是指戴先生当时在社会主义学院学习。能看到将近60年前的这封短信，是很有意义的。当时戴先生50多岁，他对待学习十分认真，也很遵守纪律，对领导上的要求努力照办。与此同时，他对诸如《十万个为什么》这样意义深远的科普项目又鼎力支持，才有了这封虽然只有区区200多字，却诚意十足的短信。其情其景，可谓跃然纸上。

今日重提此事，一纸短笺也能呈现"做人如水，做事如山"的宏大气象。先生之风山高水长，直令我辈永念不忘。如今，每当我为青少年朋友题词"敞开胸怀，拥抱群星；净化心灵，寄情宇宙！"时，脑海中总会浮现出戴先生亲切的音容和笑貌。

35 | 戴文赛先生实际主持编集审定的几本《天文学名词》

刘炎 | 中国科学院紫金山天文台

笔者于1960年进入南京大学天文系学习,曾有幸亲耳聆听戴文赛先生的精彩课程;在20世纪90年代开始又有幸参加天文学名词审定委员会的工作,逐渐感受到天文名词审定工作的重要性,进而又知悉了戴先生在规范现代天文学汉语名词工作方面的卓越贡献。后来更了解到,在20世纪50至70年代,我国建国后先期出版的几本《天文学名词》,原来都是由戴文赛先生实际主持编集和审定的。

在此,我根据多年来所了解的一些情况,对戴先生主持编集和审定的这几本《天文学名词》做一些简单的介绍。

1922年,在中国天文学会成立之初,前辈的天文学家们就已将天文学名词的编集、规范和审定工作作为一项常设性的任务。1933年,教育部和国立编译馆设立了天文学名词审查委员会。1934年,出版了由民国政府教育部颁布的天文学名词汇编:《天文学名词》。这是我国第一部由官方专业机构颁布的现代《天文学名词》，收录的词汇量有 1312 个。

此后，天文学名词编译委员会对于天文学名词的增补和修正问题又做了多次的讨论，但始终未能编集增订新版。

直到中华人民共和国成立之后，才又陆续出版了多部重要的《天文学名词》。

1952 年版的《天文学名词》

1941 年，戴先生从英国学成归来，即被聘任在昆明的天文研究所工作。据李竞先生回忆，他当时就已"自发地、积极地"参与天文学名词编译委员会的修订和审定工作了。其实，戴先生早已敏锐地注意到天文学名词工作的重要性，也早就开始自己的天文名词收集了，并且编制了许多卡片：正面是中文，反面是英文，还写上了资料的出处。戴先生当时还对天文学名词的现状感到忧虑，因为许多已有的汉语译名还不够规范，而不断新现的英文术语更有待定名。他认为，《天文学名词》应该出新版。

1950 年 11 月，中国科学院编译局"自然科学组天文学名词审查小组"编集出版了新一版的《天文学名词》，1952 年 6 月由"中央人民政府政务院文化教育委员会学术名词统一工作委员会"（戴先生是该委员会的主要成员之一）出版公布。这是中华人民共和国建立之后的第一本英中对照的《天文学名词》。收录的词汇量扩展至 1900 个左右。

据李竞先生回忆，这部名词的汇编是在 1934 年版和前人工作的基础上，实际上主要是由戴文赛先生重新编集审定的。在这部汇编中，戴先生注入了大量的心血，付出了辛勤的劳动。正是由于他十多年坚持不懈的努力，积累了大量的研究成果，才使新版的《天文学名词》得以在 1952 年出版问世。

1959 年版的《天文学名词》

1952 年版的《天文学名词》出版后，中国科学院前编译局进而委托张钰哲先生组织编订新的俄中天文学名词词典。在张钰哲先生的领导下，当时的具体工作实际上是由戴文赛先生指导、紫金山天文台的两位工作人员李竞和沈良照进行整理汇编的。

1957年2月，中国天文学会在南京召开了建国后的第一届会员代表大会，会上有一项重要的决定：要以天文学会的名义编集新中国的第二本天文学名词词典，限期两年完成。于是又组建了一个新的天文学名词审定委员会，戴文赛先生任主任。该工作实际上还是由戴先生指导当时的李竞和沈良照两位继续实施，而且拟编集的词典也扩展为三本。

到1959年年底，这三本俄英中三语版式的《天文学名词》终于如期全部由科学出版社出版：

《天文学名词》（俄英中对照试用本），1958.9。

《天文学名词》（英俄中对照试用本），1959.1。

《天文学名词》（中俄英对照试用本），1959.12。

三本《天文学名词》收录的俄、英、中名词各约4000个，均以中国科学院编译出版委员会名词编订室的名义发布。一直到20世纪70年代中期，这些版本都是国内天文名词译名查照的几本主要辞书。

其中的英俄中对照本，后来还被美国天文学家改编为英中对照的《天文学名词》，由哈佛大学出版。

1974年版的《英汉天文学词汇》

1959年之后，天文学又有着许多快速而重大的进展，出现了许多新的奇特天体，如类星体、脉冲星、中子星等；出现了许多新的分支学科，如空间天文学、红外天文学、高能天体物理学等。天文学的探测和研究也更涉及数学、物理、化学、地学、无线电技术等诸多学科，从而天文学的名词也涉及越来越多的术语和词汇。

在这种情况下，科学出版社提出并委托南京大学天文系对1959年版的《英俄中对照试用本》进行增补和修订。为此，天文系成立了一个《天文学词汇》编审小组，成员有戴文赛、彭云楼、孙义燧、唐玉华、许邦信等，戴先生任主编。

在戴先生的主持下，《英汉天文学词汇》一书于1974年完成出版，书中收录的词汇量又扩展了一半，增加到了6000个。

1986年版的《英汉天文学词汇》(增、修订版)

1974年版的《英汉天文学词汇》出版后不久，戴先生就已考虑并且着手组织新的增、修订版的编撰。然而不幸的是，1979年，癌症过早地夺去了戴先生的生命。而戴先生直到辞世前，还在主持着由南京大学天文学家组成的编审小组筹编的《英汉天文学词汇》第二版，遗憾的是他最终竟未能亲眼看到这第二版的面世。

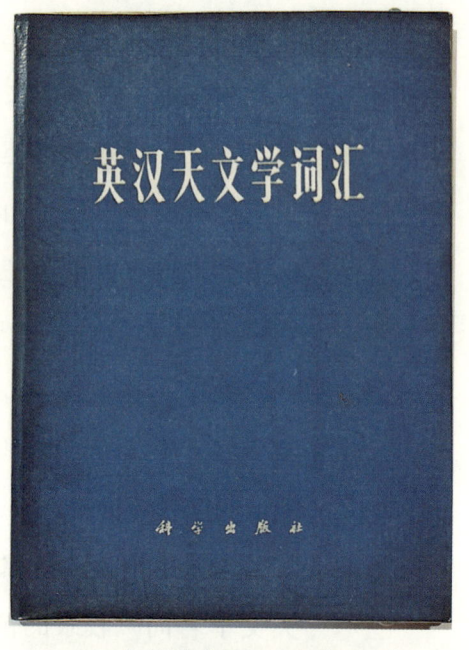

1974年版的《英汉天文学词汇》

《英汉天文学词汇》的第二版，后来由戴先生的后继者——编审小组的许邦信、彭云楼、唐玉华、黄天衣、黄克谅、章振大等各位完成编审，许邦信任主编。全书词汇量更扩展到了约16000个，于1986年由科学出版社出版

《英汉天文学词汇》的1974年版和1986年版后来在台湾还出版了相应的繁体汉字版。

直到1986年的版本之后，我国才又陆

1986年版的《英汉天文学词汇》

续出版了多种新编的《天文学名词》版本。

由上述介绍可以看到，在1934年之后的四十多年中，我国出版的多种《天文学名词》版本，实际上都是由戴文赛先生主持编集和审定的。在现代天文学发展的这一重要历史阶段中，戴先生一直在主持、引领着我国天文学名词的规范和编审工作。

戴文赛先生不仅主持编集和审定了多个《天文学名词》的版本，还培育了许多天文学名词工作的专业人才。

1983年，天文学名词审定委员会成立，这是当时中国天文学会的一个工作委员会。1985年，全国自然科学名词审定委员会（现全国科学技术名词审定委员会，简称"全国名词委"）成立，下设天文学名词审定委员会（简称"天文学名词委"）。此后，天文学名词的工作正式纳入了国家名词审定体系，天文学名词委则接受全国名词委和中国天文学会的双重领导。

当年跟随戴先生一起参加天文名词编审工作的人员，后来几乎都成了"天文学名词委"的主要成员。特别是许邦信和李竞两位，还先后担任了"天文学名词委"的首届副主任，以及第二届（许邦信）和第三至第四届（李竞）的主任。而戴先生言传身教的敬业精神和严谨风格，在天文名词委员会内也一直传承至今。

戴先生对中国天文学名词的创制、审定、规范、统一、宣传、推广等一系列有关的工作始终极为关心，有着强烈的责任感和许多的真知灼见。他对天文学汉语名词规范和统一的先驱性工作还在海内外的许多国家和地区都产生了巨大的影响。戴先生对于我国的天文学名词事业做出的卓越贡献，将永载史册！

2021年2月2日

36 | 纪念恩师戴文赛先生诞辰一百一十周年题词

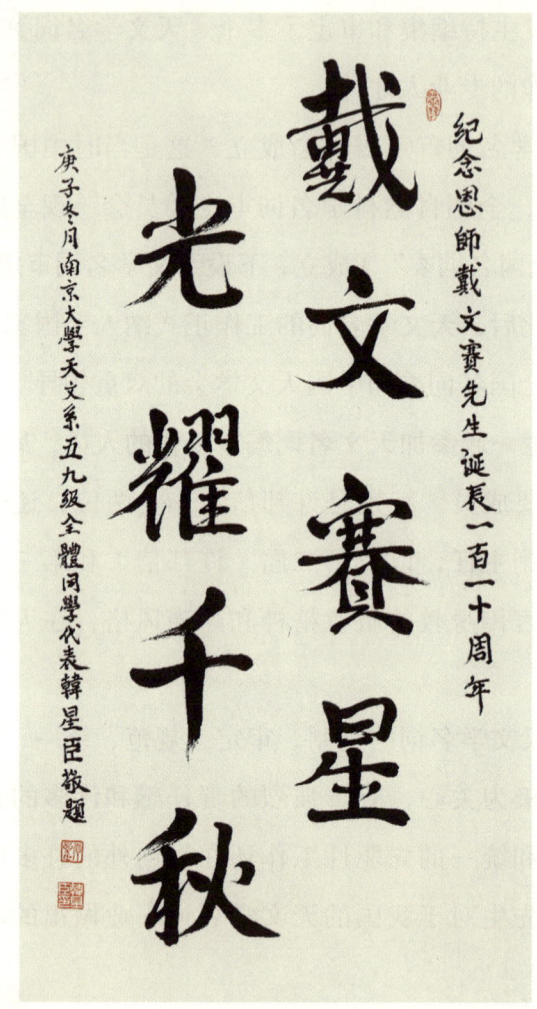

南京大学天文系五九级全体同学代表
韩星臣[①] 敬题　庚子冬月

---

① 韩星臣为南京大学原党委书记

37 | 一代宗师，学者楷模，永世流芳
——缅怀戴文赛先生

胡佛兴 | 中国科学院紫金山天文台

2019 年，是我们南京大学天文系 1959 级同学成为南大学生的 60 周年，也是戴文赛先生离开我们的 40 周年。正是戴先生，在 60 年前，把我们领进了天文学的大门。

早年的戴先生

1911 年 12 月 19 日出生在福建漳州（龙溪县天宝乡鸿湖村，现漳州市芗城区天宝镇洪坑村）。戴文赛的父亲戴群英是农村的"读书人"，信基督教，对数理和音乐

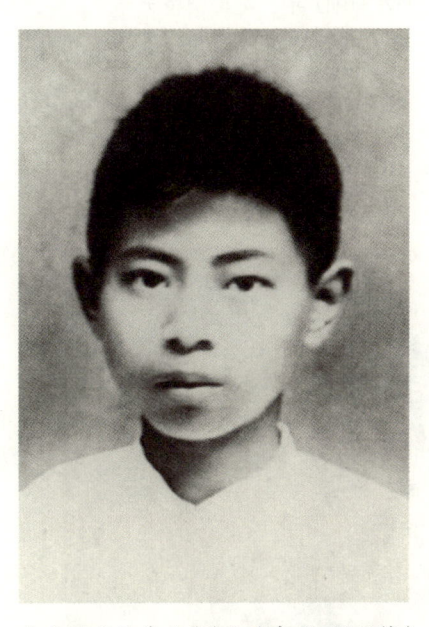

少年时代的戴文赛（照片来源：刘圣梅）

本文为同名美篇书《2019 年：个人收藏版》的修改补充本。该书的南京大学校友通讯版，敬请阅读《南大校友通讯》2019 年冬季号。

刘圣梅（1925.9.9—2013.6.9）为戴文赛夫人，北京人。笃志中学毕业后就读燕京大学西语系。1954 年随夫迁南京任职于南京大学图书馆。1984—1989 年任教于南大图书馆学系。

方面的知识非常精通。受他影响,戴先生自小会弹钢琴,喜爱唱歌,尤其偏爱数学,这些爱好一直陪伴他终身。戴先生自幼聪慧勤奋,功课成绩优异,17岁时即考取福州协和大学数理系。1933年毕业以后,又留校当助教。

1937年,在抗日战争爆发前夕,考取了中英庚款留学生,赴英国剑桥大学攻读天文,并获得了剑桥大学1937年的天文学奖金。以《特殊恒星光谱的分光光度研究》一组论文,29岁获博士学位,1941年学成回国。

1937—1941年,英国剑桥大学
(照片来源:刘圣梅)

戴文赛先生于1941年回国后,历任中央研究院天文研究所副研究员、燕京大学教授。新中国成立后,先后任北京大学教授,南京大学教授,南京大学天文学系主任,国家科委天文学科组副组长,

1952年的戴先生(照片来源:刘圣梅)

1953年的戴先生(照片来源:刘圣梅)

中国天文学会第一、第二、第三届理事会副理事长。

1947年，戴文赛先生调入燕京大学数学系任教。1952年北大设立数学力学系，戴先生也随之到该系任教，讲授天文学。1952年北京天文学会在北大成立时戴先生任首届理事长。1953年戴先生开始指导我国天文界第一位研究生易照华。1956年易照华从北大毕业后分配到南大任教，后来成为我国现代天体力学和历书天文学创始人之一。

戴先生在南大

南京大学天文系的元老们

1949年，我国只有广州的中山大学天文系和济南的齐鲁大学天文算学系。1952年全国院系调整，原南京大学（前中央大学）的文理学院与金陵大学的

赵却民（中山大学）｜戴文赛（北京大学）
容寿铿（中山大学）｜程庭芳（齐鲁大学）

文理学院合并成新的南京大学。中山大学天文系和齐鲁大学天文算学系并入南京大学，成立南京大学天文系，赵却民为系主任。同年，南京大学天文系招收首届学生。

1954年8月，北京大学的戴文赛先生到南京大学天文系。当时，北大还没有条件建立天文系或天文专业，而南京大学天文系正需要他。南京还有中国科学院紫金山天文台，中国人自己建立的第一个现代天文学研究机构。当时全国的天文中心在南京。

> 新中国的天文事业起步于50年代初期。第一代创业者中有紫金山天文台的"三老"：张钰哲、李珩和陈遵妫先生。戴先生是第一代中最年轻的一位，在南京大学创建现代天文教育。这两者的相互配合形成了支持我国天文学向前迈进的"两条腿"。
>
> （王绶琯《聚散匆匆怀戴公》）

"戴先生南下"（这是当年的一种提法），这是热爱祖国天文事业的戴先生的不二之选。先生担起了历史赋予的"大任"，负重前行。1955年天文系和数学系合并，成立数学天文系。1962年恢复独立成立天文系，戴先生为主任。

当1952年院系调整时，从广州中山大学天文系到南京大学天文系的有赵却民、容寿铿、李春生、章振大等诸位先生，从济南齐鲁大学天文算学系到南京大学天文系的有程庭芳、苗永宽、许邦信等诸位先生。戴先生到南大后，天文系有赵却民和戴先生两位教授。章振大先生1954年毕业于南京大学天文系，后来还兼苏联专家的业务翻译。章振大先生可能是目前南京大学天文系在国内最年长的前辈。

重大的"基本建设工程"

在南京大学，戴先生首先着手从事一项重大"基本建设工程"，组织编写了一套有中国特色的天文教材，并在此基础上培育和组建一支高水平的天文事业生力军。

1954年，戴先生在南京大学东南大楼天文系办公室做科学研究（照片来源：刘圣梅）

1954年，席泽宗和戴先生曾合作翻译了苏联阿米巴楚米扬等人的《理论天体物理学》（1956年，科学出版社出版），并作为研究生教材；在1960年代初我们上课时，用的已经是由天文系曲钦岳、汪珍如老师新编写的《理论天体物理学》《恒星物理》等讲义。我们1959年上课用的波拉克的《普通天文学》教材，也是戴先生翻译的。后来，戴先生自己也编写了《天文学教程》《恒星天文学》等书。

应该说明的是，我们1959级入学没多久，国家就进入了困难时期。郭影秋校长在全校大会上，号召大家"坐下来，钻进去，认真读书"。在那个年代，我们上课用的教材都是16开大小的发黄的粗劣纸张。这是一种泛黄的、都能看到稻草筋的手刻油印讲义。当年求学、教育的艰苦条件可想而知。

戴文赛先生对中国现代天文教育的建立和发展所做出的贡献是众所周知的。他在南京大学25年的执教生涯中，为探索中国天文教育的模式，为天文课程的设置和教材的编写，为天文人才的培养耗尽了心血。

郭影秋校长塑像
(摄影:胡佛兴)

南京大学立
吴为山敬塑

南大苏富特股份有限公司
郭影秋(1909—1985)

1957—1963 南京大学校长、党委书记

二〇〇三年五月

当年的《理论天体物理讲义》
(汪珍如编)和《太阳物理讲义》
(章振大编)
(照片来源:温铁江)

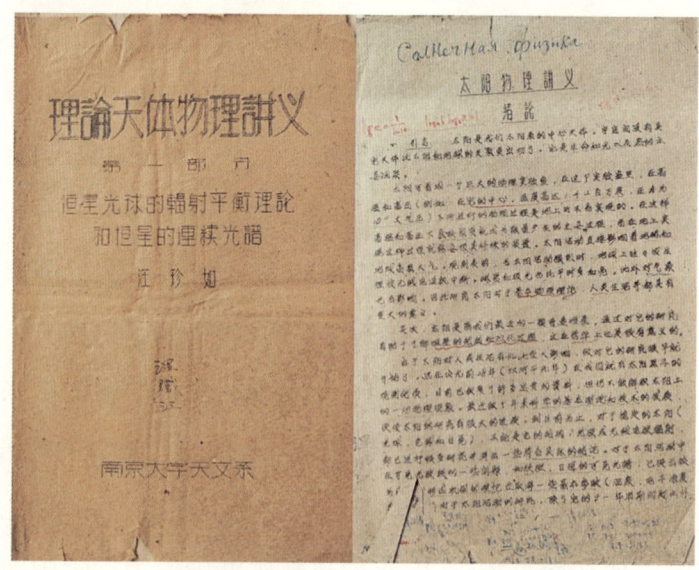

1954年，在南京大学北大楼前与天文系青年教师及进修教师合影（照片来源：刘圣梅）
右3为戴文赛，右2为许邦信，右1为进修教师高琴（后任浙江大学物理系主任），蹲者为章振大

南京大学鼓楼天文台，落成于1955年

1958年,与长女在南京灵谷寺(照片来源:刘圣梅)

春风桃李 25 载

我们是 1959 年入学的同学,是南京大学天文系第 8 年的学生。

记忆犹新如昨天,戴先生在南大校园里总是步履匆匆:中等个头,头发谢顶,金丝眼镜后面两眼炯炯有神,手里总夹着一叠书或资料,快步地行走在校园的大路上……好像永远在和时间赛跑。

我们至今还清楚地记得,1959 年 9 月在西南大楼戴先生为我们新生讲第一门天文课——"普通天文学"的情景。我们在高中时,早已久闻戴先生大名。知道戴先生为我们上第一门天文课,大家都是说不出来的高兴。

我们也永远难忘,在那晴朗的夜晚,南大空旷的大操场上,戴先生带领着我们认识星星。他手拿一个加长的手电筒,为了不刺激他身旁同学的眼睛,还在手电筒上蒙上了一块红布。戴先生用电筒一边直指星空,一边述说着星名:帮助指认方向的北极星、位于迢迢银河(又称天河)两边的牛郎星和织女星,还有仙王座、仙后座,头顶上四方形的飞马星座,而英仙就是骑着这飞马去营救危难中的仙女……他寓教于乐,不时地穿插妙趣横生的希腊神话与中国神话的故事,让我们受益匪浅,牢记终生,而那些在星空下跟着戴先生认星星的夜晚永远铭刻在我们珍贵的记忆中。

戴先生认为以"牛郎

南京大学鼓楼校区

牛郎星、织女星在银河的两侧

织女"为主题的词，最美的是：

鹊桥仙·纤云弄巧

〔宋〕秦观

纤云弄巧，飞星传恨，银汉迢迢暗度。

金风玉露一相逢，便胜却人间无数。

柔情似水，佳期如梦，忍顾鹊桥归路。

两情若是久长时，又岂在朝朝暮暮。

1960年代初，戴先生还与我们一起当学生。上孙景李老师的电动力学课，就在"南草""西平"那样能容纳上百个人的简陋大教室里。教室是用竹子、稻草、泥巴和石灰建造的。当年我们的数学与数学系同学一起上，物理与物理系同学一起上。当着上百人面前，戴先生没有一点名教授的样子。戴先生每到教室，总是恭恭敬敬地与孙老师打招呼，孙老师也是一样尊敬地回礼。他总是提前到课，坐在靠大门最前排。他认真听课，认真做课堂笔记，就像一个小学生。先生给我们树立了一个认真学习、好学不倦的好榜样。年轻人可能认为用"竹、草"建造的教室难以想象。要知道，我们1959年入学时，南京大学的围墙、大门还是用竹篱笆围成的。

我们也不会忘记，在学期结束时，戴先生为了测试学生的真实学习情况，把大考改成了"口试"。让我们抽签卷纸，回答卷上相关问题，再由"考官"（戴先生、郑宁英老师）进一步追问，有点像论文答辩。

同学李其德的大学毕业论文的导师就是戴先生。他毕业论文的题目是关于仙后座 γ（伽马）星的分光研究。据戴先生说这是他在英国时做过的题目，希望能比对一下看看几十年的变化，可见戴先生做事之认真。后来，和杨本有同学一起，用紫台的望远镜观测，每次曝光几小时，搞得很晚，对李其德以后做的一些工作很有帮助。其德说："谢谢戴先生，他是个难得的好人，又是我大学毕业论文的导师，很想念他的。"

戴文赛在家弹钢琴，陪伴者为夫人刘圣梅（照片来源：胡中为）

我们班同学1959年入学，从1954年8月戴先生到南大起算，才短短5年。我们一年级，就参加南大光学仪器厂的劳动。数学课和数学系一起上，物理课和物理系一起上，天文系同学数理基础与数学系、物理系相比绝不逊色。四大理论物理：量子力学（蔡建华）、电动力学（孙景李）、热力学统计物理（龚昌德）、理论力学（周衍柏），都是南大的名教授亲自授课，个个讲得有声有色、精彩至极。

到高年级，学科方向专门化，分为天体物理（恒星物理、太阳物理），天体力学，天体测量，我们那年还增加了射电天文。天文专业课程全部由本系年轻教师担当,各人独当一面:理论天体物理、恒星物理——曲钦岳、汪珍如,恒星天文——朱慈墭,太阳物理——章振大,天体测量——许邦信、任江平,天体力学——易照华,射电天文——李春生,天体物理方法——黄佑然,宇宙电动力学——陈载璋,等等。教材也从翻译国外的开始,变为自己编写油印讲义或出书。那么多门专业课,那么多年轻老师挑起大梁。一支朝气蓬勃、年轻有为的青年教师队伍迅速成长起来了。现在回想,天文系当年的师资队伍,是够强大的。也就是这么一批老师,教我们课和没有教过我们课的老师,后来在科研上也都做出了令人瞩目的成绩。1957年开始,天文系的学制又由4年变成5年。我们是第三届5年制的毕业生。

从我们班的经历来看,短短几年,天文系在教育模式的探讨、课程的设置、教材的编写、学制的改革和年轻教师的培养等各个方面,真是成果累累,有目共睹,"戴先生南下"功不可没。

1964年6月15日,南京大学天文系1964届毕业班合影
第二排右1为曲钦岳,右4为戴文赛,右6为匡亚明

大学毕业那年，匡亚明校长、戴文赛先生与我们一起照了相。

戴先生在天文学教育战线上，呕心沥血、辛勤耕耘了25个春秋。他年复一年地迎来了一批又一批的新生，亲自给他们上课；他鼓励学生们为祖国勤奋学习，教导他们在学习中要不怕吃苦、不畏艰难，勇做祖国天文事业的拓荒者。25载春风桃李，他的学生遍布我国所有的天文机构，其中许多人已成为中国各天文台站、天文教育系统的学术带头人和业务骨干力量。

致力于天体物理的研究

戴文赛先生毕生致力于天文事业，是中国现代天体物理学、天文哲学和现代天文教育的开创者和奠基者之一。1930年代末他从事恒星光谱研究，建树颇多。自1950年代始，他将探索重点转向太阳系起源研究，1975年起先后取得一系列重大成果，其中《天体的演化》《太阳系演化学（上册）》等论著的出版，引起国内外天文界的广泛重视。在恒星光谱分析、恒星物理、恒星天文、星系结构和演化等方面也发表了许多论文。

从1960年代初起，戴先生提出了"宇观"这一新概念，提出了"吸引与排斥是天体演化的基本矛盾""把主要吸引因素为万有引力物质客体称为宇观客体"等观点，并剖析了微观、宏观、宇观三个不同层次间的差别和联系，开创了中国天文学哲学领域中对宇观过程的特征和规律的研究，为天文哲学宝库增添了珍贵的财富。

1965年11月26日，在紫金山天文台鉴定我国自制的折反射望远镜（照片来源：刘圣梅）

"这两者都是人民的需要"

戴文赛先生说:"从40年代开始,我曾为报纸杂志写了80多篇科普文章……我是一个科学工作者。我一直认为科研工作者既要做好科研工作,又要做好科学普及工作,这两者都是人民的需要。"

科普作品:
戴文赛:《太阳和太阳系》,上海:商务印书馆,1951。
戴文赛:《天文知识》,北京:中华全国科学技术普及协会,1953。
戴文赛:《星际旅行》,北京:科学普及出版社,1956。

据席泽宗先生回忆:"1942年他从英国回来以后,就写过不少科普文章。尤其抗战胜利以后储安平办《观察》时期,他是特约撰稿人。几乎每期都有他的文章,从《披星戴月》《玄武湖上的月夜》等天文文章,到物理、音乐方面的文章,其面之广、其文采之吸引人,使我们高中的同班同学们佩服得五体投地。戴先生在数学方面，也做过许多科普工作，当时上海的《科学大众》有《大众天文》和《大众数学》两个专栏，办《大众天文》的有李元、卞德培等好几个人，但办《大众数学》的只戴先生一人。1950 年文化部科学普及局组织一套科普丛书，有关天文方面的两本《太阳和太阳系》《恒星》由戴先生和我分别承担。"

戴文赛的一些科普选集（提供：南京大学天文与空间科学学院）

　　由戴先生亲自作序的《戴文赛科普创作选集》于 1980 年出版，书中收纳了戴先生 1978 年亲自选出的 39 篇文章。除科普文章外，此书也收入了关于他讨论天文哲学问题的主要作品，包括"宇观"问题的开创性研究。十年后，南京大学出版社出版了《戴文赛文集》（说明：此书和《戴文赛科普创作选集》所选文章没有重复的）。南京大学校长曲钦岳为此文集专门作序，此书的出版"可以聊寄我们对先生的缅怀之情。一卷在手，先生的音容笑貌，历历在目，先生的学问人品，更是光彩照人。……先生对我国天文事业的贡献殊多，为人称道。先生的抱负、胸襟、气度、精神，也都堪称楷模，可以垂范于世，激励后人"。1999 年 8 月，作为中华人民共和国成立 50 周年的献礼，由国家新闻出版署主编，湖南教育出版社出版了"中国科普佳作精选丛书"之一，他的《天体的演化》。在此书的"后记"中，戴夫人刘圣梅对先生的科普活动（包括许多次的科普报告，90 多篇科普文章，数册科普读物）做了较为全面的回顾和小结。

对桃李满园、著作等身的戴先生更多介绍请参见参考资料中王绶琯先生、卞毓麟老师、胡中为老师的文章，以及张明昌关于戴先生的故事和传记。

戴先生同样非常重视人民来信。在恢复工作后不久，有一次在他家里，戴先生对我苦笑着说："系总支表扬我回复人民来信好。"这也从一个侧面反映了他对人民来信认真负责的态度。在停工停产、停教学停科研的十年荒废后，国家经济濒于崩溃的边缘，正当百废待兴的年代，他铆足了劲，搞科研、抓教育、组织队伍、搜罗人才，全心全意、争分夺秒地扑在祖国的天文科研教育上……但是这一切，当时都还远没有被领导理解。系领导的这番话，他只能苦笑、无奈。

1972年暑假，戴文赛全家在北京中苏友谊馆前留影（照片来源：刘圣梅）

1972年至1976年间，南京大学鼓楼天文台
左起：曲钦岳，戴文赛，苗永宽
（照片来源：汪铭江）

1970年代初期，系里开始恢复科研教育工作。戴先生不仅率先投入基础理论研究，而且甘冒可能再次被批斗的风险，组织中青年教师、学者开展基础理论研究，并亲自主持了中国第一个天体物理研讨班，在天文学界产生重大而深远的影响。戴先生组织的南大紫台星系高能天体物理讨论班，有星系结构与演化（戴先生负责）、高能天体物理（曲钦岳老师负责）和星系密度波研究（黄克谅、黄介浩老师负责）等3个小组。我们每周碰头（Seminar）。

后来戴先生又扩展到组织南片天体物理讨论会，把南大、紫台、科大、上海台、云台等组织在一起讨论交流。记得南片天体物理讨论会，除了南大戴先生、曲钦岳、汪珍如、黄克谅、黄介浩、陆埮、李宗云和彭秋和等老师外，紫台苏洪钧、刘汝良、李晓卿和胡佛兴，中国科技大学程福臻、张家铝、周友元、尤峻汉、刘永镇、储耀泉和卢炬甫等老师，上海天文台赵君亮和云南天文台谢光中老师等，都参加了活动。

据席泽宗先生回忆，南片天体物理讨论会，在1975年9月（南京）、1976年2月（南京）到1976年7月（安徽合肥）共召开了3次会议。我们很清楚地记得，1976年的合肥会议期间，恰逢唐山地震（7月28日凌晨3点42分），京津有震感，有的与会者归心似箭，开会无心。

戴先生还特别请科大教授来南大讲授

1978年9月，戴文赛与陆埮（左1）、曲钦岳（左3）在南大天文系图书馆交流讨论（照片来源：汪铭江）

— 161

广义相对论。他个人则专注于星系这个新兴的领域和太阳系演化的研究。

戴文赛先生是学有所成、知名度颇高的学者专家，可是他从无骄矜之色和凌人之气。他总是鼓励支持青年学者勇于开拓新的领域，攀登新的高峰。他十分尊重年轻人，甚至称曲钦岳老师为"曲先生"。他精于业务，平易近人，亲和力、号召力特强。我们这些中青年人都特别尊重他，愿意倾听他的指导。刘汝良老师称誉戴先生是我们的"凝聚中心"，这个比喻生动地描述了他当年在我们、在全国中青年天文工作者心目中的地位。中科院紫金山天文台的熊大润老师对我说："戴先生我接触不多，但是，他是我天文界最最尊敬的一位老师。"刘汝良老师说："我不是南大毕业生，然与戴先生相处几年，他的人品，他的学识……也是我的恩师！"中科院国家天文台邹振隆老师说："回忆起四十多年前我有幸参加的几次会议上先生的音容笑貌，不禁感慨万千！先生为发展中国天文事业的奋斗精神将永远鼓舞着我们后辈继续前进。"他们都不是南大天文系的毕业生，可是他们三位北大人，对戴先生敬仰、爱戴之心却和南大人没有两样，戴先生为发展中国天文事业的奋斗精神将永远鼓舞着我们后辈继续前进！

在1973年复刊的《天文学报》新编委会里，论文的英文摘要由英语顶级的戴先生分工把关。编委萧耐园老师在审阅稿件的英文摘要中，常发现一些毛病。他抱着向戴先生请教的心理去问戴先生。每次，戴先生都能仔细倾听他的意见，耐心地解释，有时也能采纳他的建议，给他很大的鼓舞。这仅仅是戴先生平易近人、关爱青年的作风的一例。

萧耐园老师还回忆起戴先生主编《英汉天文学词汇》的一件事。编书过程中曾经征求过一些老师的意见。1974年书出版后，萧老师发现他提出的凡是正确的意见全都被采纳，包括一些音译词（如把"lan"音译为"南"，而把"nan"音译为"兰"）。后来，彭云楼老师对他说：这些音译词原来都是戴先生定的，因为他是福建人，有些字他用福建方言读，与普通话不一致。从这件小事也可以看到，戴先生从不以权威自居，而是虚怀若谷，虚心采纳不同意见的大家风

1976年，张明昌陪同戴文赛游鼋头渚和蠡园，在那儿饮茶聊天，谈爱因斯坦、周培源等
（照片来源：张明昌）

1977年，无锡鼋头渚。由张明昌陪同游览
（照片来源：张明昌）

范。这也正是戴先生深得人心、众望所归的原因之一。

同学厉国青参加天津天文馆筹备时还承担纬度站一个科研任务。他写信征得戴先生同意后，到南京上门求教。先生不但毫无保留地谈了想法，还把准备好的材料给了国青。因为先生无私的精心指导，1977年天文学报刊登的"元朝的纬度测量"质量高、影响大。遵先生之嘱，他们没有在作者姓名、致谢等项中写上先生的名字。国青说："我永远不会忘记师恩！"2020年他在《厉国青文稿选》里对戴先生作了"特别补谢"。

— 163

1978年，在戴先生住进南京军区125医院后，我与张守中老师一起去看望他。从紫金山天文台（山上）出发，沿半山腰的小路向中山陵行进，顺游人踩出的小路，高高低低、曲曲弯弯，遇到坡斜有时还要拉着小树前行。半路上，遇到了一个有2米高的竹篱笆围墙（可能是部队的）挡路。张守中老师年纪还比我大，我们硬是想方设法翻了过去。过了这道关，我们松了口气。我们说，我们是好像去"朝圣"……这就是我们心目中的戴先生。在125医院，戴先生告诉我们，他还请了南京向阳卫生院的叶克忠医师（中医）帮助诊治。

1978年12月，戴先生被接纳为中国共产党党员。中科院紫台一群年轻人给戴先生光荣入党送了贺信："……表示热烈的祝贺。您是我国老一辈的优秀天文学家。几十年来，你勤勤恳恳、埋头苦干，忠诚党的教育和科学事业，为我国天文事业的发展做出了重大的贡献。我们是您的学生，是在您的教育培养下成长起来的。我们的每一个进步，都与您的辛勤劳动分不开的。您敏锐而活跃的思想，大胆创新的科研作风，理论联系实际的求实态度及一心繁荣祖国天文事业的高尚精神，都是我们学习的榜样……"紫台年轻人祝贺戴先生入党这件事，也再次说明了大家对戴先生充满了敬爱之心。

人才归队之难

戴先生的这些信件，主要是有关星系结构和演化、戴先生"宇观"概念等论文的写作指导和讨论以及戴先生的病情和家事等内容。这里特别想提到的是，他对人才归队、引进的重视和努力。

戴先生对工作不对口的学生的归队及外面人才的引进极为重视，为此他也是花了大力气的。戴先生在给我的信中，曾两次提到我们班同学、他的研究生张明昌。为他的归队，戴先生还曾联系过紫台以及科学院院部的干部。据张明昌、李宗云等同学的回忆，种种原因使人才归队实际上做起来十分困难。例如，有的是在单位干得很出色，单位根本不想放；有的是家属是教师，教师人才也不容流失，不让调动；还有的是所在的单位，根本不理睬省人事局的调令，省人事局根本调不动……

面对这样的困境，戴先生绝不放弃，他还通过新华社记者再向社会发出呼吁。当时人才归队之难，还有这样一段故事：1978年"五二〇"校庆时，有一晚，戴先生在全校做学术报告。江苏省委书记许家屯在会场，南京大学党委副书记章德与许交谈，章说及戴先生后继乏人，介绍了戴的研究生在外地。许回去后就敦促省委组织部直接下调令……厂里就告诉张明昌要回南大，夫人同行。经过省委书记的直接干预，这个难题才最终得到了解决。没有省委书记的介入，这个问题还真不知道要拖多久。

由于戴先生的不懈努力，从1978年6月起，李宗云、初一、张明昌、容建湘等人都陆陆续续回

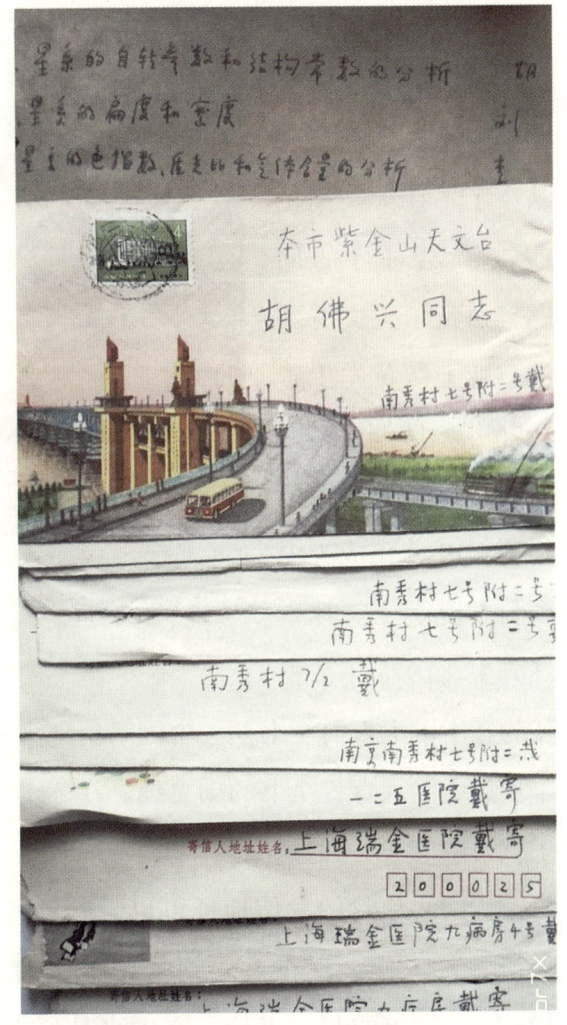

戴文赛的部分信件（在南大紫台天体物理讨论班期间）（照片来源：胡佛兴）

到了南京大学天文系。陆埮原在南京电讯仪器厂工作，学非所用。因戴先生帮助，归队调入南京大学天文系。在南大工作了25年，研究粒子物理、高能天体物理和宇宙学。陆埮于2003年调入中国科学院紫金山天文台，同年当选为中国科学院院士。还有上海起重运输机械厂的宋国玄老师，他研究密度波理论很不错。先生还通过上海市科协安排他在科学会堂做过报告，后来他也如愿到了上海天文台。先生把人才一个个弄回来、弄进来，真是煞费苦心，竭尽了全力。这些事情，没有人说，是不会有人知道的。

曾在东德学习天文的黄润乾先生和林盛然先生，也都分别结束了不在天文岗位或被错误对待的问题，回到了天文有关的事业上。黄先生于1976年归队调入云南天文台重点研究恒星物理，1999年成为中国科学院院士。林盛然先生，1978年被委

1978年冬，戴文赛家。在戴先生的努力下，张明昌（左1）、初一（左3）终于回到了南大天文系
左4：胡中为
（照片来源：胡中为）

任为《中国大百科全书》（中国第一部大百科全书）天文学卷的责任编辑，后来成为中国大百科全书的副总编。在苏定强老师的记忆中，他们的归队也得到了戴先生的关心和呼吁。

从这些信封的发信地址可以看到，即使重病在身，戴先生还是念念不忘科研教育工作。现在再看到戴先生从南京南秀村家、上海瑞金医院、南京125医院发出的封封书信，心中真是说不出来的一阵阵感动。记得戴先生家是在南秀村紧邻系天文台（之南）的一座民国留下的小洋楼。进门楼梯上去，就是书房兼客厅。最近想拍一张他老人家的故居照片，可惜被告知已经被拆掉多年了。

心忧天下孜孜不倦

1977年先生身患绝症。南京大学天文系分别安排黄天衣和朱灿生老师，陪同戴先生夫人刘圣梅一起（可能在4月底和7月底）二次护送戴先生到上海检查和治疗。据戴莹琮的回忆，第一次检查回宁后症状加重，后来才又去上海。

系里还专门派胡中为老师作为戴先生在上海治疗的全程陪同。刚开始，戴先生由于种种原因还无法住进瑞金医院。经胡中为老师代戴夫人刘圣梅直接给中国科学院副院长钱三强写信，钱老直接联系到上海市委之后，戴先生进瑞金医院的问题才算得到解决。

1977年，戴文赛在上海瑞金医院9病房工作（照片来源：刘圣梅）

1977年8月到1978年3月戴先生在上海瑞金医院治疗。确诊后第二天，8月2日，就进行第一次手术。"……手术后，9月1日会诊过，医生决定用化疗和中药相结合。化疗开始后，人感觉软弱无力，写一封信要分两次写……"（戴夫人刘圣梅77年9月信）。在连续几次手术、化疗，身体十分虚弱的情况下，戴先生仍然心忧天下，孜孜不倦，带病工作，心中只有祖国的天文事业。先生仍然坚持在为我国"天文发展八年规划"的制订出谋划策，并审定了30余万字的专著《太阳系演化学（上册）》，完成了《天体的演化》的再版修订工作。

1977年戴先生住进上海瑞金医院，许多天文同事从全国各地来看望他老人家。例如南京大学天文系的萧耐园老师、上海天文台的我们班同学许华冠等等。紫金山天文台恒星室还特别派刘汝良老师和我一起专程去上海医院探望陪同。紫台吴连大同学等也都专程前去医院探望。中国科学院南京天文仪器厂苏定强老师去看望他时，我正在戴先生身旁。这时黄山天体物理会议发了电报来，是苏老师念了来电："希望戴先生能早日康复。"虽然戴先生有病在身，不能去参加会议，但全国的天文工作者都在想着他。

上图是戴先生和来探望他的学生讨论科研问题。病房变成了学术活动室，

《太阳系演化学(上册)》(上海科学技术出版社,1979)和《恒星天文学》(科学出版社,1965)专著

1977年戴文赛在瑞金医院病房
左2为陈道汉,左4为卞毓麟,左5为刘汝良
(照片来源:刘圣梅)

卞毓麟老师说,这样的活动,恐怕数不清有多少次。

失去的十年,正是国际天文学飞速发展的十年。随着射电、空间、地面观测手段的长足进步,类星体、脉冲星、星际有机分子、宇宙微波背景辐射(3K背景辐射)等一系列重大发现接踵而来,理论物理和天文学的渗透空前活跃,天文学正面临着一个飞跃发展的前景。而我们与国际上的差距越拉越大。面对这种情势,戴先生心急如焚。重打基础,这是整顿的第一步。在上海瑞金医院看望他老人家时,戴先生对我们说,为了急起直追,赶上国际天文的发展,他正在考虑倡议组织天文界的"老兵",编写一套紧跟新进展的天体物理丛书,既可以作为研究生教材,也可供年轻研究和教育人员的参考。正是这个倡议得到了天文界的响应和出版界的支持。戴先生就是这样高瞻远瞩,在每一个关键的时刻,总是能及时发现问题,提出解决问题的办法和建议,即使在病榻上。

戴先生倡议编写的这套天体物理丛书后来陆续出版问世,它记载着这一年代我国天文学发展的里程,也是对为中国天文事业殚精竭虑、奋斗一生的戴先生最好的纪念。

天体物理丛书示例(含《中国科学院国家天文台天体物理丛书》与《天体物理基础和方法丛书》)

据苏定强老师回忆:1978年8月29日到9月12日中断了16年的中国天文学会第三届全国会员代表大会和学术年会在上海举行,戴先生抱病参加了会

1978年8月,上海,中国天文学学术会议和会员代表大会
戴文赛(前排左5)带病参加会议
(照片来源:胡佛兴)

—— 169

《中国大百科全书（天文学）》天文学编辑委员会

议，并再次当选为中国天文学会副理事长。戴先生还参加了由姜椿芳先生发起的出版第一部《中国大百科全书》的会议，天文学卷是计划中的第一本，于1980年12月出版，戴先生是编委会的副主任。苏定强老师在上海期间还陪同戴先生和他夫人刘圣梅先生一起试图找更好的医生，但是没有结果。

天文界前辈王绶琯先生在缅念戴先生去世20周年时说："……我们格外怀念戴先生，他的学识，他的凝聚力，他的长者风度，曾经是我们自然而然的

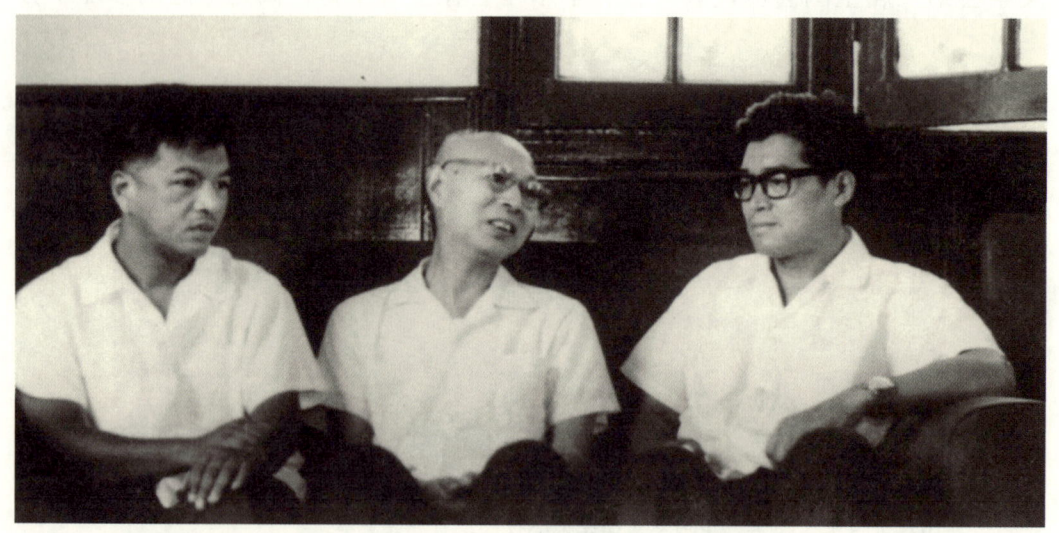

1978年，天文学会年会在上海衡山饭店召开，休息期间戴文赛与陆埮（左1）、曲钦岳（左3）交流讨论（照片来源：刘圣梅）

1978年9月,天文学会年会,戴文赛与胡中为(左1)及李宗云(左3)进行交流讨论(照片来源:李宗云)

1978年9月6日,上海科学会堂,戴文赛与刘汝良(左1),胡佛兴(左3)交流讨论(照片来源:胡佛兴,刘汝良)

依靠。在与困难奋斗的关头,我们多么希望再能够得到他的默默的,永远及时的支持啊!"

壮志未酬

戴先生1977年8月入住上海瑞金医院后,他夫人刘圣梅在9月给我的信说:"……他的心情我们是可以理解的。他急于出院参加工作惦念接待美代表团和(天文发展八年)规划的事。这里大家都劝他要耐心疗养。"

刘汝良老师在上海探望戴先生后,1978年2月给我的信写道:"戴先生说,到 1980 年前，他集中力量搞太阳系，因为这个题目他比较熟悉。对于星系只是参加一些讨论。谈到南片（天体物理讨论班因他生病）已瓦解问题，他不久回宁一定要召集，并想成立天文学会南面分会。他还要招 4—6 个研究生。总之，'胃口'还是不错……想在明年在京开国际会议，拿出他太阳系的拿手好戏。"身患绝症，戴先生仍然一心想着工作，想着天文，还有着宏大的规划、目标、计划……1978 年 3 月 5 日，戴先生由上海回到南京。

回南京后，学校又立即把戴先生安排到南京军区 125 医院继续治疗。1978 年 3 月 18 日在北京人民大会堂召开了有 6000 人参加的全国科学大会，"科学的春天"来到了。由于人在医院，他未能前去参加会议，但是他把他的太阳系演化的研究成果送去了全国科学大会展览。戴文赛《论太阳系起源》的研究项目获 1978 年"全国科学大会奖"。在戴先生住南京 125 医院期间，苏定强老师去看望他。戴先生说："很多的事情，没能完成，我很遗憾；许多的想法，未能实现，我心中很难过……"

1949 年全国解放前夕，他毅然拒绝去香港的邀请，留下来为新中国的天文研究和教育事业服务。他曾经满怀深情地说："到过了外国，你就会更加热爱自己的祖国，就更要使自己的工作达到或超过世界先进水平。""先生的这种赤诚爱国之心和殷殷报国之情，是老一辈知识分子留给我们的最宝贵的精神财富。"原南京大学校长曲钦岳老师如是说。

在戴先生病重的最后阶段，我们去他南秀村家中看望。戴先生夫人刘圣梅告诉我，戴先生在昏迷中，还在唱《上甘岭》（主题曲是《我的祖国》。1953 年，戴先生曾作为抗美援朝慰问团分团长访问朝鲜）。

壮志未酬三尺剑，故乡空隔万重山。

（唐·李频《春日思归》）

1979 年 4 月 30 日，在南京，戴先生永远地离开了我们。

四十载春风化雨英才遍海内百世令名君不朽

百万言呕心沥血宇宙探化育七旬扼算我凄然

我国天文界老前辈李珩先生的这副挽联为先生的一生作了概括的写照。

饮水思源永志不忘

戴文赛星

第3405号小行星,是由中国科学院紫金山天文台在1964年10月30日发现的主带小行星。1994年5月25日,第3405号小行星被正式命名为"戴文赛星"。小行星命名是一项国际性的、永久性的崇高荣誉!它将永载人类史册!

国际小行星命名委员会一般根据发现者的提议而进行命名。小行星一经命名则由国际小行星协会公告各天文组织,成为国际性的永久命名。

百年校庆为先生塑铜像

据时任系党总支书记刘桂霞老师回忆:为迎南京大学百年校庆、天文系建系50周年,天文系师生提出要为戴先生塑铜像并捐款,由刘老师请南大党委书记韩星臣(我们天文系1964届毕业班同学)出面找吴为山教授帮设计塑像。

塑像的建造共收到来自全国各地的历届学友和戴先生生前好友共233位的捐资。南京大学校长曲钦岳为塑像题词。塑像于2001年12月落成,2002年5月19日揭幕。

为庆祝百年校庆和天文系建系50年庆,南京大学天文系还出版了两本专册:《戴文赛教授铜像揭幕式纪念册》和《南京大学天文系》,后者记录了南大天文系50年的发展历程。

南京大学戴文赛基金会在南京大学百年校庆、天文系50年系庆之际,为奖励

戴文赛教授铜像

品德优良、热爱天文科学、刻苦学习、有良好科研成果的学生,特向校友和社会上募捐钱款,成立基金会。基金会和奖学金以戴文赛先生的名字命名。

戴文赛铜像捐资名单（排名不分先后）							
吴为山	陆本魁	严 俊	吴连大	吴美霞	熊大闰	戴 新	施广成
李东明	郑 莹	张培瑜	向德琳	黄坤仪	秦 道	赵定理	宋慕陶
莫静儿	陈道汉	刘麟仲	徐振韬	范一新	顾继明	王荣川	周爱华
董 明	武志贤	徐永煊	王永保	胡佛兴	胡福民	苏庆瑞	金介海
孙长安	杨本有	姚金兴	吴洪敖	丁元君	王昌彬	赵爱娣	汪 琦
刘 炎	蒋德广	蒋明汉	周树荣	朱广林	吴建民	周 雄	鲁春林
刘世茂	夏 益	顾中元	杨 戬	甘为群	姚永强	宋 森	冯占良
李天赐	李正兴	张青平	包冬春	王来成	朱晓山	凌龙扣	纪晓禾
夏剑萍	袁翠兰	姚进生	张春生	缪翠兰	佘礼云	曹 云	蒋达西
张延安	林春梅	周玉兰	高克明	葛永良	吴月珍	许富英	吴琴娣
苏定强	胡宁生	李德培	羿美良	王亚男	许大信	蒋协助	禹来庚
李 竞	季洪钦	井竹君	林元章	李 颀	汪克敏	史忠先	乔琪源
薛随建	马 骏	吴 宏	蒋兆基	朱 进	黄 磷	罗定昌	毛同生
蒋世仰	郑乐平	傅其骏	苏 阳	王立焱	俞凤珍	朱元诜	陈晓中
马星垣	贾沛璋	李其德	赵 刚	尤淑如	赵永恒	胡景耀	李启斌
董宸柱	傅德廉	张国栋	武肖涛	汤德莹	孙增新	孙才红	冯 磊
陈东平	冯国朝	路声东	厉国青	沈良照	黄 珹	宋国玄	卞毓麟
朱文耀	谭德同	蒋栋荣	廖新浩	杨志根	阎林山	钱昌夏	钱伯辰
严豪健	王叔和	顾震年	王凤英	黄心永	高布锡	朱耀仲	吴 斌
吴守贤	李济生	李志刚	漆贯荣	徐家岩	沈凯先	潘炼德	王正明
胡永辉	刘次沅	刘裕正	刘少民	陈洪钦	张志勇	刘慧勤	杨淑琴
张志武	刘陆四	乔荣川	窦 忠	杨旭海	冯和生	李晓明	缪元兴
宋 彪	彭松泉	杜明辉	沙朝珑	胡汉明	李永生	高 彩	王绍仁
刘 超	吴树铭	罗耀来	丁湘萍	杨增泉	平世月	高全金	陈锡昌
许建国	陈 水	李宝健	罗庆文	易照华	曲钦岳	汪珍如	孙义燧
方 成	韩星臣	许敖敖	刘 林	黄天衣	李宗云	彭秋和	张明昌
唐玉华	丁 华	宋岵庭	刘桂霞	周庆林	崔连竖	季国平	黄佑然
毛昌鉴	萧耐园	顾秋生	陆 琰	李向东	蒋窈窕	丁明德	郑兴武
凌兆芬	刘鸣歧	周济林	雷士俊	陈鹏飞	陈 阳	黄永锋	黎 卓
汤国强	北京海淀区天文台印刷厂						

除郭影秋、匡亚明两位校长外，吴为山教授为南大人塑像至今恐怕只有戴先生1人（此外，与中央大学有关的塑像，还有校长李四光〔代〕、顾毓琇以及竺可桢院士3位）。高山仰止，景行行止。天文系师生为先生塑像一事，足见先生为人的高风亮节，及师生们的景仰深情。

南京大学天文与空间科学学院
School of Astronomy and Space Science, Nanjing University

南京大学仙林校区

南京大学天文与空间科学学院（摄影：张彩成）

始建于1952年的南京大学天文系，经过三代人的努力，现在成为南京大学天文与空间科学学院（成立于2011年3月），并增设了空间科学与技术新专业。它是中国高等院校中历史最悠久、培养人才最多的天文学专业院系，拥有目前国内唯一的天文学一级重点学科，是中国天文学顶尖人才的摇篮。2019年秋季招的新生，是天文系建系以来的第68年新生。

天文台配有一架直径为65厘米的反射望远镜，该望远镜由计算机自动控

南京大学左涤江天文台2009年9月29日落成,由香港左涤江基金会捐资助建

左涤江(1914—)
(照片来源:韩星臣)

制,是目前东南亚地区口径最大的教学望远镜。另有一架30/40厘米施密特望远镜,供学生掌握实习技能用。两架望远镜在"基础天文学"和"实测天体物理"两门课的教学实习中发挥了主力作用。天文台还配有一架2米口径的射电望远镜,用于射电天文教学。此外,天文与空间科学学院还购置了一批15厘米到20厘米的便携式GPS望远镜,供本科生随时观天使用。

天文与空间科学学院在云南抚仙湖建有光学和近红外太阳爆发探测望远镜

（ONSET），在南京东郊紫金山南麓建有南京大学太阳塔（The Solar Tower of Nanjing University）。

"香港慈善家左涤江先生，江苏省阜宁人……尤其厚爱南京大学，先后捐助建运动馆，天文台和校医院等建筑。"（上面提到的左涤江先生捐助项目的分别是指：南京大学浦口校区左涤江运动馆、南京大学仙林校区左涤江天文台、南京大学仙林校区左涤江医院）。

南京大学科学园（Nanjing University Science Park，NUSP）

2010年，南京大学与中科院紫金山天文台和中科院国家天文台南京天文光学技术研究所签订三方合作协议，共同在南京大学仙林校区建设"南京天文与空间科学技术园区"。于2014年9月正式投入使用的仙林校区天文与空间科学学院大楼就在科学技术园区近旁。2017年11月底，中国科学院紫金山天文台（鼓楼本部）也已经整体搬迁入该园区。

学院于2012年年底正式挂牌成立现代天文与空间探测协同创新中心（培育）。中心凝聚了南京大学、北京大学、中国科学技术大学、北京师范大学四所高校和国家天文台、紫金山天文台、中国空间技术研究院三家科研机构的主要教学、科研力量以及大型终端设备，最大程度上促进我国天文学科的蓬勃发展。

国际合作交流方面，南京大学天文与空间科学学院先后与包括哈佛大学、加州理工学院、麻省理工学院、悉尼大学、东京大学、巴黎天文台等在内的 20 余所国际一流高校建立起良好的学术交流关系，并通过举办学术会议和邀请国际著名学者来访等方式，不断将自身的科研成果推向国际舞台。

空间天文科学与技术研究中心

南京天文科研和科普资源聚集度位于国内城市前列。在 *Nature* 自然指数中，南京的天文学科综合指标远远超过香港、北京、上海。南京目前已经初步建成具有国际先进、国内领先的，以前沿科学为核心的空间天文探测研究基地。为整合在宁的空间天文研究资源，引导中国空间天文实现跨越发展，为南京打造、建设天文国家实验室提供支撑，联合南京多所高校的优势学科，中科院紫金山天文台、南京大学和中科院南京天文光学技术研究所正推动空间天文科学与技术研究中心的建设。目前，这个中心正在向科学院申报大科学中心，并已经被列入筹建阶段。

空间天文科学与技术研究中心将面向空间天文科学前沿，提出旗舰型的天文大科学装置的思想，特别是掌握一批关键核心技术，组建空天探测与运空实验装置，开展先进材料和核心探测技术载荷的研发测试，建设光学材料分析、加工与检测平台，以及统一高效的空间天文运行中心和天文科学大数据中心，打造新一代自主天文科学数据共享应用生态链，努力建成国内领先、国际一流的国家空间天文大科学设施，弥补南京地区缺乏大科学装置的短板。

南京大学成功发射"龙虾眼 X 射线探测卫星"

"龙虾眼 X 射线探测卫星"由南京大学天文与空间科学学院领衔联合香

2020年7月25日,由南京大学自主研发的"龙虾眼X射线探测卫星"搭载长征四号乙运载火箭,在太原卫星发射中心成功发射入轨

南大天空院师生和合作单位老师在发射现场合影

港大学太空研究实验室、中国航天集团有限公司五院508所、八院805所下属埃依斯航天科技有限公司等我国空间科学与空间探测领域的优秀团队,历时五年研制成功。

南京大学天文与空间科学学院李志远教授与香港大学太空研究实验室苏萌教授为该项目的联合发起人。

该卫星配备了自主研发的龙虾眼聚焦X射线探测器与高精度小型载荷平台,长期在轨工作期间将验证X射线能段的大视场聚焦成像技术,并完成若干重要的空间X射线探测实验,特别是在X射线能段开展深度探测暗物质信号的研究。

纪念戴文赛先生100周年诞辰

虽然戴文赛先生离开我们已经多年,南京大学天文系师生从来没有忘记他。2011年11月19日,迎来了戴先生100周年诞辰。

戴先生100周年诞辰纪念会于2011年12月18日在南京大学鼓楼校区隆重

南京大学正校门口
隆重纪念戴文赛先生100周年诞辰
(摄影:苏定强)

南京大学北园，中大路
隆重纪念戴文赛先生100周年诞辰
（摄影：苏定强）

南京大学天文楼
隆重纪念戴文赛先生100周年诞辰
（摄影：苏定强）

南京大学天文楼
(摄影:苏定强)

南京大学天文楼
向戴先生铜像献花
前排左起:杨忠,易照华,曲钦岳,刘圣梅,方成
(摄影:郭艳)

举行。参加纪念会的有戴先生夫人刘圣梅先生、学校领导、老师、校友以及来自全国各地的天文界同事。南京大学校长陈骏、南京大学前校长曲钦岳以及崔向群、陆埮、周友元、熊大润、苏定强、方成、孙义燧等9位院士参加了纪念会。

在天文楼向戴先生铜像献花后,纪念会在科技馆二楼报告厅举行。会议由南京大学天文与空间科学学院党委书记周济林主持。天文和空间科学学院方成老师首先代表学校介绍了戴文赛先生生平。在纪念会上致辞的还有南京大学副校长杨忠、南京大学前校长曲钦岳(书面发言)、苏定强、陆埮、周又元、何香涛等多位嘉宾,戴先生夫人刘圣梅以及天文与空间科学学院院长丁明德。

下午,由吴伟、刘桂霞老师陪同,会议嘉宾参观了南京大学仙林校区。

2011年12月18日,南京大学天文与空间科学学院纪念戴文赛先生100周年诞辰(摄影:郭艳)

入围"天问一号"火星着陆点备选名称

9个多月的探寻,跨越4.75亿多千米的征途,只为开启梦想着陆点的这一刻!

2021年5月15日7时18分,天问一号探测器成功着陆地球的"近邻行星"——火星。火星上第一次留下了中国人前来拜访的印迹。

戴文赛先生是中国系统地研究太阳系演化的第一人。他建立了自己的太阳系起源的星云说,并出版有《太阳系演化学》专著。他对于形成太阳系的原始星云的由来,以及质量和角动量、星云盘的结构、星子和行星的形成、行星的轨道和自转、提丢斯波得定则、行星的大小和质量分布、卫星和环的形成、冥王星及其卫星的起源,小行星的起源等问题都进行了有自己特色的论述和推算(见"论太阳系的起源",《中国科学》,1980年第3期)。他的学说获1978年全国科学大会奖。

戴文赛先生的名字,入围火星着陆点备选名称,可谓众望所归。他的名字已经引起了更多公众的关注。

五个火星着陆点备选名称(图片来源:《中国国家天文》公众号)

这五个名称，将作为向国际天文学联合会（IAU）申请"天问一号"探测器在火星着陆点地区撞击坑等地形地貌命名的备选名称。

悦观南大群星璀璨

声誉卓著百年名校

群星璀璨大师云集

物理学家吴有训、严济慈、吴健雄，语言学家吕叔湘，新中国航空事业的奠基人陆孝彭，曾在这里留下青春的足迹；地质学家李四光，教育学家陶行知，气象学家竺可桢，桥梁专家茅以升，艺术家徐悲鸿，国学大师柳诒徵、胡小石、程千帆，天文学家戴文赛，历史学家韩儒林，曾在这里求索布道；两弹一星元勋朱光亚、任新民、黄纬禄、赵九章、钱骥、程开甲和国家科技奖获得者吴良镛、闵恩泽、刘东生、张存浩、程开甲曾在这里汲取知识的琼浆……

南京大学教学楼

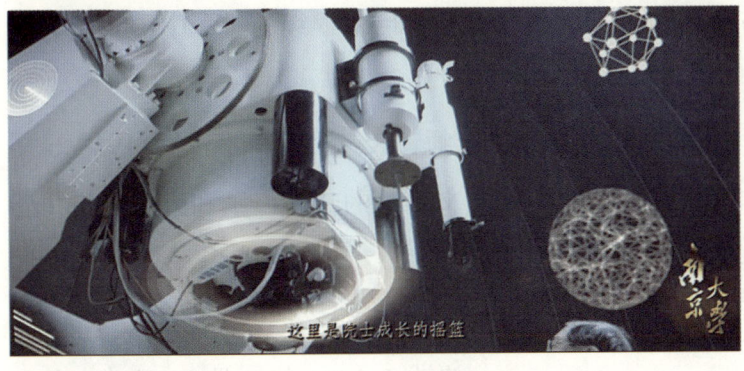

南京大学2019年宣传片

中华人民共和国成立以来，以科学名世的南京大学有270多位校友当选为中国科学院院士和中国工程院院士。

— 185

南京大学天文系的毕业生中，有5位当选为中国科学院院士。他们是：曲钦岳（57届毕业生，高能天体物理专家，南京大学前校长）、苏定强（59届毕业生，望远镜光学专家，曾任中国天文学会理事长、国际天文学联合会（IAU）第9委员会〔天文仪器与技术〕主席）、方成（59届毕业生，太阳物理专家，曾任中国天文学会理事长、国际天文学联合会（IAU）副主席）、孙义燧（58届毕业生，天体力学和非线性科学专家，曾任南京大学研究生院院长）和李济生（66届毕业生，卫星动力学专家，曾任中国西安卫星测控中心技术部总工程师）等。

一代宗师，学者楷模，永世流芳！
春蚕到死丝方尽，蜡炬成灰泪始干。

（唐·李商隐《无题》）

先生离我们远行已经40周年了。鞠躬尽瘁、死而后已，带着对天文科学的无限激情，对天文事业深沉的挚爱，先生把他的一生无私地献给了他最钟爱的天文学。在他最后与别人一起合作的一篇文章中，戴先生这样写道：

> 我们应当在人类认识宇宙的史册上，留下我们这一代奋勇攀登的足迹。

南京大学天文与空间科学学院，以及全国的天文教育、科研兄弟单位，有一批为我国的天文事业做出突出或重要贡献的前辈，戴先生更是楷模。先生为发展中国天文事业的奋斗精神将永远鼓舞着我们后辈继续前进，中国天文事业的明天会更美好！

衷心感谢南京大学和天文界的前辈、老师、校友和南大天文系1959级同学提供的珍贵的照片和资料，以及他们对本文编写的热情鼓励和大力支持（感谢名单已经融入本文集后记感谢中，恕不另列）。

修改于2021年9月21日（中秋）

38 | 昨夜星辰昨夜风

戴莹珊

父亲戴文赛离开我们已经四十多年了。岁月流逝，世事变迁，对父亲的记忆依然清晰鲜活仿佛昨天。只是随着年岁渐长，每每想起父亲，更多的是满满的心痛和自己没能与父亲有更多时间相处的遗憾。

我大姐莹琨生于1950年代中，回忆往事，她依然记得当时还是学生的福建老乡吴美霞带她去南园学生宿舍玩的情景。父亲的学生们，我们都以叔叔阿姨称呼。唯有吴美霞，我们一直以姐姐相称。多年以后，忘记什么场合，吴姐姐和我笑谈起，1960年代初我出生的那天，父亲正和学生们在一起，大家恭喜他喜得千金，父亲却挺郁闷地说道："有什么可恭喜的啊，又是个女儿。"不过我二姐莹琮告诉我，住在我们家对面的林凤藻阿姨开玩笑说，你们家已经有两个女儿，把三妹送给我们吧。父亲听说后很认真地对家人说，我们一定不会把她送给别人的，大家听了都不禁莞尔。

比起父亲即将开始经历的他一生中最愁闷的岁月，连生三个女儿的那些年其实算得上是一段较为平顺的时光。

我的童年和少年的许多记忆并不美好。现在回想起来，真正和父亲相处的时光并不太多，尤其在童年期间。三四岁的记忆里有父亲清早用硬硬的胡子茬蹭我的脸叫我起床。还有 1966 年和 1967 年夏天父亲带着我在荒芜的校园中散步，去南师、华水空旷的校园和教学楼里溜达，在校门口看大字报。更多的记忆是他伏案工作的背影，记忆中他总是在工作。从 1968 年、1969 年起，父母经常不在家，陆续去城郊灵山煤矿及南京长江大桥的建设工地劳动。后来又都去了南大自己的溧阳果园农场。直到 1971 年年底我上了小学后，才随南大最后一批留在农场的教工从溧阳撤回南京。记得那天父亲在南大大门前下车，身上交叉背着两个大书包，胸前还用绳子挂着一个小板凳，在离家两年多后终于又回到南秀村家里。

许多事不能忘记，也一直不想多忆，但在那压抑的岁月里也有许多温暖的记忆。

记得 1968 年夏天，父亲在长江大桥工地上摔断了脚腕，卢央老师和黄天衣老师用板车载着父亲，从下关的工地把他送回家来。记得那天很热，三人还戴着柳条编的安全帽。一路上坡下坡，也不知他们走了多久。到了我们家时，两位老师都已汗流浃背。

1972 年左右，父亲又开始做科研工作，家里又不时有学生、同事上门造访，也开始常有同行来家里一起讨论学术问题。记得有一年夏天，中国科技大学来了几位老师，三四个人个子都非常高，他们在我们家饭桌上铺开稿纸讨论了一上午。离开时，有几张稿纸已经粘在我们家那张老旧的八仙桌上了。我二姐记得，有一天曲钦岳老师和父亲一边谈论事情一边从天文系走回，到了我们家门口，发现我们把家里的钥匙锁在家里，进不了门。曲老师马上去找了梯子，爬上二楼阳台，从里面将门打开。

大姐记得父亲那时非常自律，每天作息时间一定，上午休息时做广播操，其他时间伏案工作。1970 年代大量的计算靠拉计算尺，我记得父亲的抽屉里有一把用旧的计算尺。父亲曾希望我们以后能有人学计算数学，可以帮他做计算。

父亲为人和蔼，家里常有天文爱好者登门请教或有求父亲什么事情，记忆中父亲总坐在那里认真地倾听，尽力解答或帮助来者。一次有一位来访者临走时拿出一盒饼干要送父亲，父亲推辞一下他就马上收起来了，我在门外看到这一幕。那时物资匮乏，一盒饼干对小孩子还是挺有吸引力的。事后父亲对我说，他应该还要留着送别人呢，不要这么馋。那时候我大概是八九岁吧，并不知道父亲要面对的环境和压力，更不能体会他的内心。现在想来，这样的现实对父亲是非常残酷的。记得那时，父亲常让我去宁海路上的小店帮他买烟，他常抽的牌子的是飞马、群英，难得会说今天太累了，帮我买包好点的吧，我就去买包大前门。父亲抽烟并不多，一天一两支，一般会饭后坐在沙发上慢慢抽上一支，直到后来医生说他有肺气肿，他就很快戒掉了。

还有一件童年趣事。那时我酷爱养小动物，养的小鸡被居委会勒令杀掉后我难过得哭，父亲对我说，不要什么事都那么容易哭，要学会坚强。后来，我大姐从插队的地方给我带回两只小兔子，我非常开心，每天去南大校园找草喂它们。兔子很快长大了，我们家小小的阳台已经容不下它们，邻居也觉得它们有碍卫生。父亲就托吴美霞姐姐，把它们带到紫金山天文台山上去养。紫台有位老师当时住在天堡城下一个小屋里，他就帮着养，还想着以后能再生些小兔子。不久吴姐姐带给我们半茶缸烧好的兔肉，原来他们发现这是两只公兔子，就决定把它们吃了。我虽然有点伤心，但还是忍不住吃了兔肉，也就很快忘了它们。

父母都从农场回家后不久，母亲身体开始不好，父亲也更增加了一重压力。这段时间工作和学生们的关爱给了他不少慰藉。1974年夏天，父母、大姐和我一起去无锡玩了几天，张明昌、初一老师接待了我们，他们的热情和无锡迷人的山水让我至今难忘。

难得父亲会和我们一起玩扑克牌，我只记得他洗牌的手法熟练漂亮，非常潇洒。他也会一些小魔术,当他做给我们看时,我们自然想知道其中的奥妙,但他不肯说,因为教他的人是个魔术师朋友,他不能给朋友泄密。父亲也曾是个兴趣广泛的人,他在去英国留学的长途海程中学会了弹钢琴,后来还学会作曲。我大姐小时候想学钢琴,可是父亲没有时间管。大约1965年才托在上海的亲戚买了一架儿童钢琴运到南京。但很快,那架钢琴成了一个不合时宜的存在,从此静静地躺在角落里。直到父母从农场归来后,大姐记得有一天,父亲忽然打开钢琴,即兴弹起欢快的《瑶族长鼓舞曲》。除了钢琴,父亲还会一些其他乐器。他有一支竹笛,我很想学,他就教我最基本的吹法,还和我讨论过要不要学月琴,他说自己也会一点。后来我用这支笛子练习吹奏时,他还翻出几张估计是抄家时留下的旧乐谱给我,记得那上面的曲子有《紫竹调》、《小放牛》、云南民歌《小河淌水》等。

父亲的文笔也很好,写的东西颇有文采。父亲去世后,李元老师送给母亲两本父亲早年出版的小书,一本是科普类的,书名是《星空巡礼》。另一本叫《爱梦河畔》,是父亲在英国留学时的故事和从英国留学归国途中辗转各国时的游记。非常感谢李元老师,这本小书让我们得以了解父亲年轻时的很多事情。

1976年开始,父亲感觉身体不对劲,一直以为是简单的肠道不适。医生建议做肠镜检查,但因故没有做成。这时父亲很忙,时常在学校或到外地开会,也就没有抓紧检查。直到症状加重,治疗无效后,1977年初夏才去上海的瑞金医院做了检查,发现已是肠癌晚期,需要立即做切除手术。手术前一天,我和二姐匆忙赶去上海,与已在上海的母亲和大姐会合。父亲的手术由瑞金医院著名的外科医生林言箴先生主刀。记得我们在手术室的门外等了一个上午。手术完后,也是医生的堂姐夫把一盆切下的组织拿给我们看,并告诉我们手术做得非常好。晚上我们铺了张席子睡在病房地下,轮流值班。之后因为术后肠粘连,又进行了一次手术,接下来在瑞金医院住了挺长一段时间。

父亲住院期间,南大领导和天文系的领导同事非常关心并给予了很大的帮助。天文系的乔瑞南老师陪同父母一起去上海,不顾自己身体多病,为父亲联系住院和治疗奔波操劳。紫台和各地的学生们,包括一些天文爱好者们,都尽力给予帮助。母亲当时每天在医院为父亲做饭,记得吴美霞姐姐特地托跑上海的司机从南京带去了几个很大的冬瓜。当有人告知甲鱼治癌的偏方,大家就想尽办法买甲鱼,然后请去上海的人带过去。上海的天文爱好者朱伯承和他的家人也尽量帮忙。他弟弟朱侠承是梅山9424工程的司机,常开车去上海,他经常会帮着带东西去上海。二姐还记得曾经跟着他的车从南京去上海送甲鱼。父亲身体恢复一些后,常在医院和同事、以前的学生讨论工作学术,一起在病房开会,印象里有胡中为、刘汝良、胡佛兴、陈道汉等老师。

父亲住院时,我二姐刚刚高中毕业,一直留在上海陪父母。她本来也在准备去农村,但父亲手术后不久就传来恢复高考的消息,父母立即要她回南京复习备考。我还记得父亲去上海治疗前不久曾对母亲说过,希望我们三个能上大学。但当时这是一个很渺茫的愿望,却没想到几个月后高考就恢复了。1978年的初春,传来好消息,二姐考上了自己的首选志愿南大历史系。还在上海住院的父亲知道后非常高兴。

父亲1978年回南京后,有一段时期病情相对稳定,还能工作、写作。很多人来家里看他,也会和他讨论一些问题。记得经常来的有胡中为老师。大姐记得吴姐姐来看父亲,并告诉我们怎样熬猪肝粥给父亲补养。1979年年初,父亲病情加重,经南大联系,父亲住进紫金山麓的125医院。一次我去探望他后,父亲从医院步行送我去中山陵坐公共汽车回家,路过水榭时,有人招呼他:"这不是戴先生吗?"只记得好像是紫台的一位老师,他陪我们走了一段,边走边和父亲谈些什么,在音乐台,他为我和父亲照了一张照片,这是我和父亲的最后一张合影。1979年4月30日父亲在125医院去世,那年我16岁。

天文系为父亲操办了很隆重的追悼仪式。遗体火化后,赵锦华老师又陪我们坐南大的校车去清凉山殡仪馆取回骨灰。我们姐妹三人一起亲手将父亲的骨灰一捧一捧装入骨灰盒,余下一部分装入一个红布袋中。回家的路上,南大车队的司机师傅特地在南大校园中绕了几圈以作向南大的告别。朱灿生老师带我们一起登上天文系大楼的平台,将红布袋中的骨灰撒在了大楼周围,他希望父亲能留下一部分在他一直工作的地方。

父亲去世后,他的骨灰在家中安放了数年,大家一直帮忙寻找合适的安葬地。记得卢央老师曾带着罗盘,陪同我们一起去雨花台南麓的望江矶查看墓址,后来父亲就安葬在此。1996年因为城市建设墓地拆迁,我们将父亲的墓迁往祖堂山墓园。迁墓之际,李宗云和黄天衣老师代表天文系为父亲撰写了碑文。

在父亲去世后的几十年中,很多他生前的同事、同行继续关心我们的母亲。在她搬到玄武湖畔的锁金村后,同住一栋楼的钱承统老师一直对她照顾有加。南大天文与空间科学学院的吴伟老师每逢年节都代表院里去看望母亲,多年来从未间断。苏定强老师也几乎每年都去锁金村探望她。2013年母亲病危住院,苏老师又去鼓楼医院探视并为我们姐妹处理母亲后事提供帮助。母亲2013年6月去世后,许多父亲生前的同事、同行以多种方式表达了悼念之意。

四十多年过去,父亲音容犹在。回忆往事,除了对父亲的怀念,也感谢父亲的同事、学生们在父亲生前对他的关爱与帮助,以及父亲离去后的四十余年里,大家以各种方式对他的纪念,并对母亲多年如一日的关心。对这一切,我们永远心存感恩。

我们姐妹三人陆续离开南京,早年在南秀村我们住的那栋和天文系相邻的小楼也早已拆除,但当年天文系所在的这片校园,它银色的圆顶,环绕它四周郁郁葱葱的绿树青草曾伴随着我们成长,永远是我们生命中不能忘记的家园。大姐犹记得,1960年代初的一天晚上,父亲去天文系大楼参加曲钦岳和汪珍如两位老师的婚礼。平时寂静的大楼变得灯火通明,阵阵欢声笑语直到很晚。晚归的父亲带回一大把喜糖,非常开心……

戴文赛一家(照片来源:戴莹琨,戴莹琮,戴莹珊)

1975年,戴文赛和夫人刘圣梅(照片来源:戴莹琨,戴莹琮,戴莹珊)

2003年，南京祖堂山墓园，戴文赛之墓
刘圣梅和女儿莹琨、莹珊（照片来源：戴莹琨，戴莹琮，戴莹珊）

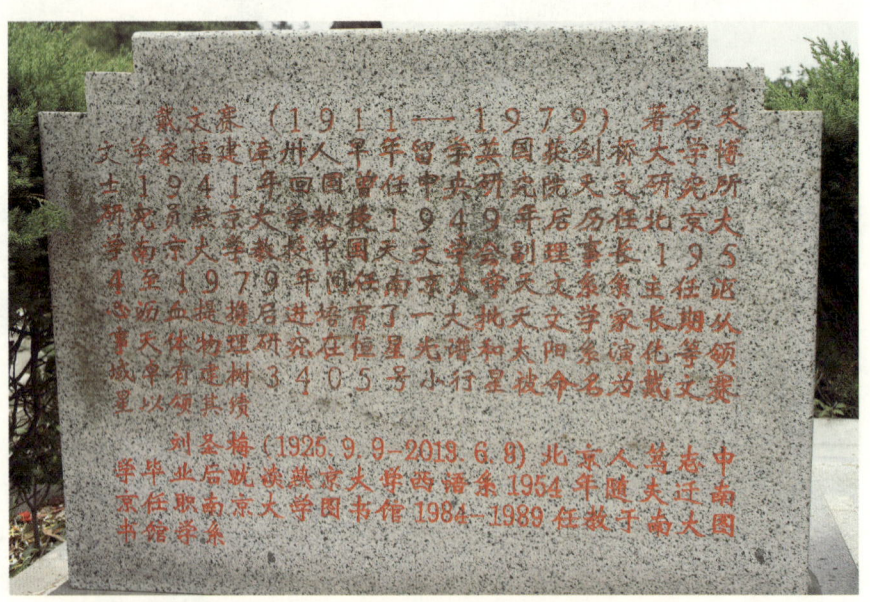

戴文赛墓碑碑文（照片来源：戴莹琨，戴莹琮，戴莹珊）

戴文赛先生大事年表

张明昌｜南京炮兵学院

1911 年： 12 月 19 日诞生于福建省漳州府龙溪县天宝镇洪坑村。父亲戴群英，母亲高信德。

1925 年： 进漳州寻源中学。

1928 年： 考入福州协和大学数理专业。1933 年从协和大学毕业并留校任助教，兼读研究生。父因病去世。

1937 年： 8 月自南京至上海，登英轮赴英攻读天文学博士。

1938 年： 8 月初，应邀随英国代表团赴瑞典斯德哥尔摩参加国际天文协会第六届大会。

1939 年： 获剑桥大学天文学奖金。7 月入中国天文学会，11 月被选为中国天文学会编辑委员会委员。

1940 年： 6 月被选取为中国天文学会第十六届评议员（现称理事）。

1941 年： 6 月离开剑桥，为避免德国轰炸，绕道北美回国，历时 3 个半月，于 9 月 25 日至昆明。先后任中央研究院天文研究所副研究员、研究员。

1943 年： 当选为中国天文学会进事会常务理事。

1947 年： 发表第一本科普著作《星空巡礼》（上海西风出版社）。5 月参加了燕大"反对内战，呼吁和平宣告"的签名，和 32 名教授一起在支持学生反饥饿、反内战的宣言上签名。

1948 年： 4 月，燕大成立"资助委员会"（10 月与"学生生活辅导委员会"合并为"学生生活委员会"），戴任会长。9 日在《燕京大学教职员致李宗仁主任书》上签名，并在解放前夕参加了燕大的护校活动，夜晚与进步学生一起值班巡逻。

1952 年： 参加"思想改造"运动。全国院系调整，燕大并入北大。7 月 29 日与刘圣梅喜结连理。在自学并参加了"俄语学习突击班"后，并与席泽宗等人将苏联波拉克（Полак）的《普通天文学》（商务印书馆，1953）译稿寄给南京大学数学天文系，以作教材。

1953 年： 春节有一次日偏食，7 月有月全食，戴文赛应邀两次去中央人民广播电台做现场讲解，在报纸杂志上发表多篇有关文章，并担任了北京电影制片厂拍摄的第一部科普电影《日食与月食》的顾问。10 月，参加第三届赴朝慰问团(任分团长)至元山等地，身心受到很大震动，年底归国后，多次去大专院校和中学作赴朝慰问报告。12 月 14 日，"中国天文学会北京分会"在北大成立，戴文赛为发起人之一，被推选为首届理事长。

1954 年： 8 月，举家迁居南京，受到南大数天系同仁的热烈欢迎，任天体物理研究室主任。

1955 年： 任南京大学数学天文学系副主任，5 月被聘为紫金山天文台学术委员会委员。8 月，参加在爱尔兰都柏林举行的国际天文协会第九届大会。戴文赛在大会上介绍了席泽宗有关中国古代超新星资料的工作。在归途中，戴重访了剑桥。后又应苏联天文学家的邀请，赴克里米亚出席了克里米亚天体物理讨论会开幕式。

1956 年： 3 月去北京参加"科学远景规划"的讨论。"天体演化"被列入国家第 57 项重大项目。4 月，赴京参加"全国先进生产者代表会议"。12 月下旬，赴京参加"全国科技发展十二年远景规划"的制订工作。

1957 年： 2 月，中国天文学会建国后的第一次代表大会在南京召开，戴文赛当选为中国天文学会第一届理事会副理事长和中国天文学会编辑委员会主任。

1958 年： 4 月去海南岛参加了中苏合作的日环食观测。夏，出席南京市人民代表大会，并被选为第二届市人民代表大会代表。

1959 年： 为一年级新生开"普通天文学"，并适时地补充了"人造天体"一章。除了常去学生宿舍亲自辅导外，夜晚还亲自教学生认识星空。在批判"右倾"机会主义，"搞臭资产阶级个人主义"思想运动中受到批判。

1960 年： 在这"困难时期"戴也患上了"浮肿病"。

1962 年： 2 月去广州参加"广州会议"，聆听了周恩来、陈毅及聂荣臻的报告，会上提出了全国重点研究课题的选定问题、"建立大型的天文观测设备，开展天体物理的研究"的意见。发表《宇观的物质过程》（《哲学研究》第 4 期），文中首次提出"宇观"的概念。这也是"天文学哲学"的首次"亮相"。8 月赴京参加中国天文学会第二届代表大会，再次当选为理事会副理事长和恒星与演化专业组副组长。同时又参加了全国科学规划会议，制订了《1963～1972 年科学技术发展规划——天文学》。

1963 年： 10 月接待瑞典天文学家阿尔文（Alfvén），并担任学术报告的翻译。

1964 年： 7 月，出席江苏省第三届人民代表大会。8 月，赴京参加"中央社会主义学院"学习。

1965 年： 7 月，"社会主义学院"学习结束返宁。11 月编著的《恒星天文学》出版（科学出版社）。

1967 年： 被"勒令"腾出两间房屋，全家五人只得挤在一大一小的两间房内。6 月，刘圣梅去江宁县东山镇、灵山等地劳动。戴文赛被隔离在天文学系办公室。

1968 年： 秋，戴文赛随天文学系去南京长江大桥劳动。12 月，因不堪重负，在劳动时摔断左踝骨，限于当时的特殊环境，未能得到很好的治疗（是时夫人刘圣梅也被集中住于学校的"文革楼"）。

1969 年： 10 月，因"一号命令"，全系去溧阳县上兴公社上姚大队。住在生产大队的仓库，都是用稻草铺地，席地而眠，他"负责"看守宿舍。直至翌年 5 月底回宁。

1970 年： 8 月去南大溧阳分校果园劳动。当时天文系住二队，他夫人刘圣梅住在一队，却无从相见。

1971 年： 夏，戴文赛终于获得"解放"，但此时夫人刘圣梅却已被暗中列入了"五一六"名单，已不能随便回家了。

1972 年： 春，从溧阳返校后戴文赛就开始了研究工作。1 月译了《雷达天文》，编写了《理论天体物理》教材和供教师进修学习用的资料《非热致辐射理论》，还投入了《基础天文》教材的编写。5 月起做"太阳系起源"的调研，6 月起做"星系演化"的调研。

1973 年： 5 月，在他的积极组织下，在朝天宫举行了第一次"天体物理讨论会"，会上他做了《星系演化与星系核活动研究进展》的报告，此次会议吸引了南京大学、紫金山天文台、北京天文台、中国科技大学、上海天文台等众多人员参加。6 月赴京参加"全国天文工作十年规划"会议。戴在会上做了"天体演化"的长篇发言，接着又参与制订了《1973～1980 年天文学发展规划草案》。

1975 年： 9 月在南京江苏饭店召开了"全国天体物理讨论会"，修订科研规划，也讨论了将原先的天体物理讨论班分为南片与北片。12 月赴天津出席了"中国天文学史会议"。

1976 年： 2 月在朝天宫举行了南片的"第一次天体物理讨论会",获得中科院的高度评价。7 月在合肥举行了南片"第二次天体物理讨论会",戴文赛以大无畏的精神,做了《有限总星系的演化》和《星系起源演化的研究进展》两篇报告。后来科学出版社出版了《黄山天体物理学术会议论文集》。

1977 年： 7 月,戴文赛身体状况不佳,8 月 1 日入住上海瑞金医院,4 日动手术,切除了结肠的母癌,但医生发现癌细胞已经扩散到肝脏及肺部。22 日又因肠梗阻开了第二刀。29 日转入病房疗养。10 月被推为"南京市科技战线先进代表"。12 月被选为江苏省第五届人民代表大会代表。任《中国大百科全书·天文学卷》编辑委员会副主任,亲自撰写了若干条目。他在上海接待了来华访问的美国天文代表团,并做了科研报告。

1978 年： 3 月 5 日,戴回宁后即被安排于南京东郊的 125 医院疗养。3 月,被选为"全国科学大会"代表,他的《太阳系起源新星云说》获奖(集体奖)。后又当选为省科技大会代表。8 月赴沪参加中国天文学会第三届会员代表大会,戴当选为第四届理事会的副理事长。9 月接受中科院之聘请,任《中国科学》与《科学通报》的编辑委员会委员。

1979 年： 2 月,国家科学技术委员会聘请戴文赛为天文学科组副组长。3 月因病情恶化,于 10 日第二次进 125 医院。4 月 29 日进入半昏迷状态,30 日 15 时 35 分在 125 医院去世,享年 67 岁。

1988 年： 戴文赛的骨灰安葬于南京雨花台西南的望江矶。

1991 年： 12 月南京大学举办了"戴文赛教授诞辰八十周年"纪念会。

1994 年： 第 3405 号小行星被命名为"戴文赛星"。

2002 年： 戴文赛铜像落成于天文系。5 月 19 日举行了隆重的揭幕仪式。

参考资料

戴文赛:《戴文赛科普创作选集》,北京:科学普及出版社,1980年4月。

张明昌:《中国现代科学家的故事(1)·戴文赛》,北京:中国少年儿童出版社,1984年8月。

曲钦岳:《戴文赛文集》序,南京大学档案馆,1990年。

张明昌,《中国现代科学家传记(第一集)·戴文赛》,北京:科学出版社,1991年。

王绶琯:"聚散匆匆怀戴公",《天文爱好者》,1999年第3期。

戴文赛:《天体的演化》,长沙:湖南教育出版社,1999年8月。

李竞:"在戴文赛教授指导下审定汉语天文学名词",《天文爱好者》,2000年第1期。

黄天衣,萧耐园:《南京大学天文系》,南京大学天文系,2002年5月。

刘桂霞,黄天衣:《戴文赛教授铜像揭幕式纪念册》,2002年5月。

卞毓麟:"缅怀戴文赛老师",《天文爱好者》,2002年第6期,第14页。

席泽宗:"回忆戴文赛先生",《中国国家天文》,2009年1月22日。

胡中为:"仰望星空,探索宇宙奥秘——纪念戴文赛先生诞辰100周年",《自然杂志》,2011年第33卷第5期,第304页。

胡佛兴："南京大学（鼓楼校区）的碑塑亭鼎：校史纪念和雕塑艺术"，2018。

悦观南大！2019版南京大学宣传片首发！2019。

刚刚！南京大学成功发射"龙虾眼X射线探测卫星"！2020。

附录一 文章、照片与手迹

1. 戴文赛先生 20 世纪 40 年代在《宇宙》期刊上发表的文章

1940 年代《宇宙》期刊上戴文赛先生的几篇文章

篇名	卷、号	发行日期	页码	成文时间
仙后座 γ 星	第十四卷 10-12 号	1944-4-6	236—238	1944-2-16
天鹅座 P 星	第十六卷 1-3 号	1946-1-3	1—4	1945-5-3
猎犬座 α2 星	第十六卷 7-9 号	1946-7-9	33—36	
四代观天——天文世家士特鲁佛	第十六卷 7-9 号	1946-7-9	41—44	1945-5-15
特殊的交食双星	第十六卷 10-12 号	1946-10-12	67—72	

（资料来源：李竞，陈志凝；协助：杨大卫，刘炎）

《宇宙》第十四卷总目录
（发行：中国天文学会）

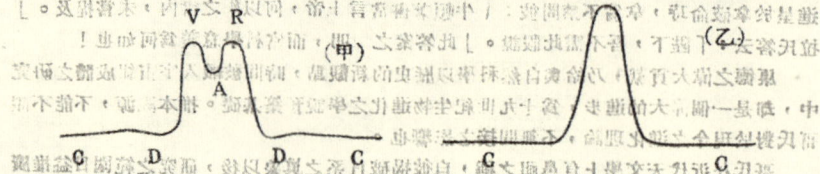

《仙后座 γ 星》（戴文赛，《宇宙》第十四卷 10-12，1944）首页

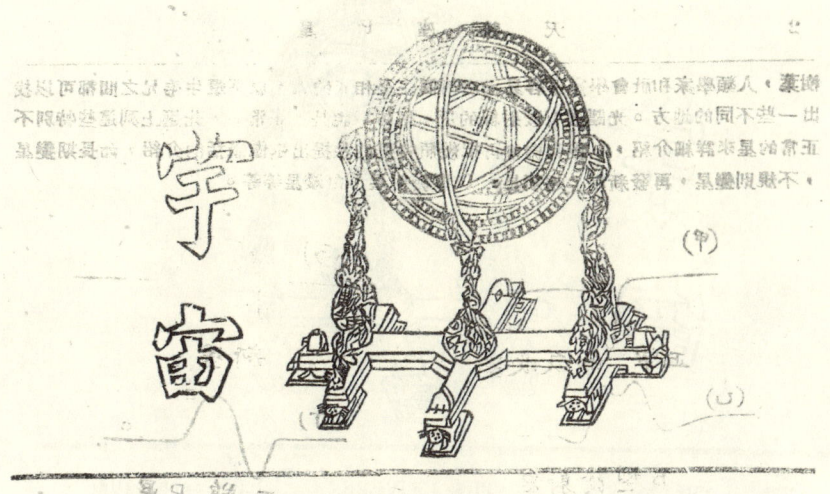

Vol. XVI, No. 1-3　　THE UNIVERSE　　Jan.-mar. 1946

(Published Monthly by the Chinese Astronomical Society)

第十六卷　第 1-3 號　　民國三十五年 1-3 月

天鵝座 P 星

戴文賽

去年初作者替『宇宙』寫一篇介紹『仙后座γ星』的文章。那篇稿早寄到福建去，東南和內地交通中斷之後，那篇稿和好些其他的文稿是否已經在那邊出版的『宇宙』登出來，到現在還沒有消息。最近『宇宙』編輯屢向作者催稿，便決定把天上許多特殊的星做一個系統的介紹。仙后座γ星和天鵝座 P 星之外，還想介紹的是獵犬座α²星，天蠍座β星，仙王座 VV 星，御夫座ζ星，御夫座ε星，仙女座 Z 星等。這些光度變化和光譜變化都不很正常的恆星是近年來天體物理學家努力研究的對象。正常的星沒有研究的必要，把注意力集中在幾個特殊的星，利用最新的觀測技術和最新的物理學說，可使我們對於各種各類的天體得到更深的認識，天文學因而得到重要的進展『特殊』只是相對而言，光譜和一般同型的恆星不同的都可以說是『特殊』。實際上天空裏很難找到兩個在各方面都完全相同的星；正如生物學家不容易在同一棵樹上找出兩片完全相同的

本期印刷費承贊助會員張鈺齋先生捐贈特此誌謝。

《天鵝座 P 星》（戴文賽，《宇宙》第十六卷 1-3，1946）首頁

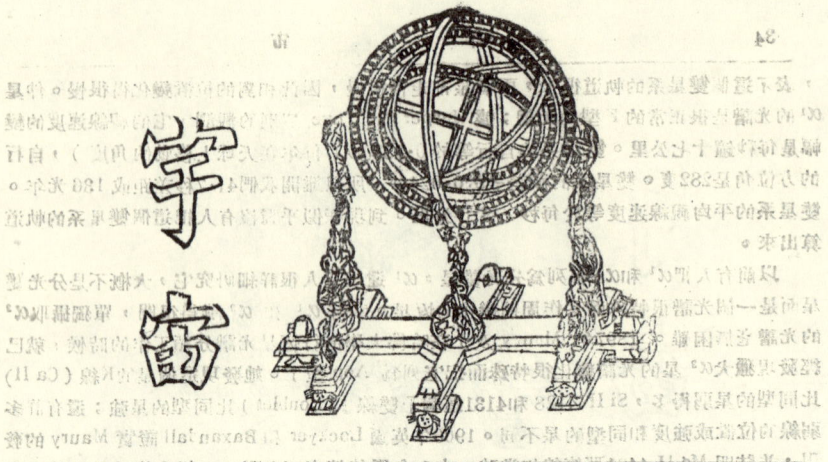

《猎犬座 α^2 星》（戴文赛，《宇宙》第十六卷 7-9，1946）首页

四代觀天

——天文世家士特魯佛——

戴文賽

科學界裏有好幾對有名的父子（或母女）：物理學界有英國的勃拉格（Bragg）父子（都以研究 X 射線出名，許多工作是父子合作的），達爾文（Darwin）父子（研究力學，潮汐現象），和法國的居里（Curie）母女（研究鐳的放射性）。天文界有以前的何舍爾（Herschel）父子（當住英國的德國人）和本世紀的勃拉斯喀特（Plaskett）父子（加拿大人，父親剛去世，兒子現任英國牛津大學天文教授）。不過顯赫的乃是士特魯佛家庭；這個家庭於四代之中出了六位很有名的天文家。英國皇家天文學會每年紀念金質獎章一枚授與對天文學有重要貢獻的天文家。1944 年的獎章授與美國芝加哥大學天文學教授，葉凱斯天文台和麥唐納天文台的台長奧托士特魯佛（Otto Struve）；他是第四個獲得這種榮譽的士特魯佛。一百十八年之中，這個世家竟有四個人得到這種獎章，真是破世界學術界的紀錄。

奧托士特魯佛的祖父威廉（Wilhelm）士特魯佛於 1798 年 4 月 15 日生於德國阿爾多拿（Altona）城（離漢堡不遠，那時候屬丹麥）。父親焦名是一間中學的校長，對數學和經典文學都很有天才。1808 年威廉十五歲的時候，從一間中學畢業。那時候拿破崙的軍隊已經進入普魯士，正在德國遍處攻城掠地。外交部時候是中立。有一天威廉在阿爾多拿郊田野間散步，遇見一個專管徵兵的法國軍官，那個軍官向他招呼，叫他參加法國軍隊。威廉認為一個中立國的公民，住在一個中立國的土地上，絕對沒有幫助專制暴君的理由，便堅決地拒絕他，不過年紀還小，終於被那法國軍官拘禁到漢堡，被關在愛爾貝（Ibe）河旁一間黑子裏頭。威廉絕對不和獨裁者妥協，夜深人靜的時候從窗門跳下河裏。他游水游得很好，不久就游到停泊港內的一隻船旁邊，那隻船是就要開到里加（Riga）去的俄國船。他被救上船便叫那條船帶他到俄國去。

威廉的外祖父士丁德（Stinde）是一位路德宗的傳教士，被請到俄國沙皇彼得堡三那邊去做牧師。威廉的哥哥剛在愛斯東尼亞（Estonia）賓巴特（Dorpat）城的大學裏做講師，所以威廉便到賓巴特大學去讀書，半工半讀，開始讀古代史和文字學；三年後畢業。因為興趣在於科學，便改讀科學，尤其是天文學，於 1813 年（二十歲）得到哲學博士的學位。過了兩年，天文教授因病去世，威廉便任二十二歲青年的時候，任天文教授的職務，一連做了三十六年。他致力於雙星的研究，發現了兩千三百對新雙星。1826 年 4 月 14 日皇家天文學會把那一年的金質獎章授給他，以獎勵他對於雙星的發現和測量。威廉自己沒有到倫敦去領受獎章，由大名鼎鼎的天文家威廉何舍爾代領，何舍爾自己也得到這種獎章。那時候的皇家天文學會長倍里（Baily）在他那篇授獎的演說裏有這樣一句話：『他（威廉士特魯佛）對科學的努力服務使我們相信士特魯佛這

《四代观天——天文世家士特鲁佛》（戴文赛，《宇宙》第十六卷 7-9，1946）首页

特殊的交食雙星

戴文賽

分光雙星的軌道軸線若是和觀線幾乎成為一個直角，就生出交食的現象，兩個星輪流發掩。這種星叫做『交食雙星』或『食雙星』(Eclipsing Binary)，也叫做『食變星』(Eclipsing Variable)。光度曲線上面有兩個『最小』，主星被伴星掩蓋全部分或一部分的時候就得到『主最小』；伴星被主星掩蓋的時候，就得到『副最小』。已經發現的交食雙星，數目在一千五百以上。最有名的就是『大陵變星』(Algol,即英仙座β星)。大多數的食雙星的光譜都屬於早型，光譜型比G遲的很少。主星和伴星的光譜差得很少。若是兩個星都屬於『主要星序』(Main Sequence，包括B, A型星，和F, G, K, M型的矮星)，主星的光譜型就比伴星早；光度相差一星等，光譜差半個型。若是兩個星都是巨星，那麼主星的光譜型可能比伴星遲。御夫ζ星，御夫ε星，和仙王VV星在這方面和一般的食雙星不同。在這三個雙星裏，主星和伴星的光譜型差得很多，兩個星都是巨星或超巨星，周期都很長。御夫ε星的伴星是一個溫度很低體積很大的星，天上還沒有找到一個和它相同的天體。仙王VV星的主星的體積也大得驚人；主星和伴星都在一個大氣圈內繞轉，氣圈的密度非常小，包括很多游離鐵的原子。天琴β星的主星和伴星的光譜差別很小，不過這個雙星也像仙王VV星被一團星雲包圍着，不是像仙王VV星的那種靜止的氣圈，而是一個又旋轉又擴散的星雲環。這四個雙星系的光度變化都很規則；只爲了它們的物理構造和一般的交食雙星不同，所以光譜的變化才很特殊。現在把它們分開來說一說：

一、御夫座ζ星

1898年哈佛大學摩利(Maury)女士在進行光譜分類工作的時候，就說過這個星的光譜不是單純的而是『複光譜』。1908年里克天文台長 Campbell 才發現御夫ζ星是一個交食雙星。周期 972.24 日(差不多兩年另八個月)，光度最小的曆元是儒曆 2,420,637.18。普通視星等是三等。全食的時間是 36.8 日；偏食每一次 1.35 日。主星是一個體積很大，蒙氣很厚的K5型紅巨星；伴星即是一個B9型的星，體積比主星小得多，不過和太陽比起來還是很大。B星在K星後面的時候就發生全食的現象，光度減小很多。B星在K星的前面或者兩旁的時候，光度和光譜都沒有什麼變化。混合光譜的紫外區屬B型，目視區(波長 6500 埃 5001 埃)屬K型，照相區(5000埃到8900埃)則為B型和K型的混合。全食的時候只有K型的光譜出現，B型完全看不到。全食前後一星期內，紫區光譜有 H, Ca II, Ti II 和些別種原子所生的吸收線出現；那時候由我們地球上的人看起來，B星正在K星蒙氣(相當於太陽的色球)的後面(看右圖)。那些忽然出現的吸收線就是K星蒙氣內的原子散射B星的光所生出來的。這些吸收線出現一星期之久，而全食時間也不過 36.8 日(全食時間差不多等於B星走過K星直徑所需要的時間)

2. 日偏食现场解说（1953年）

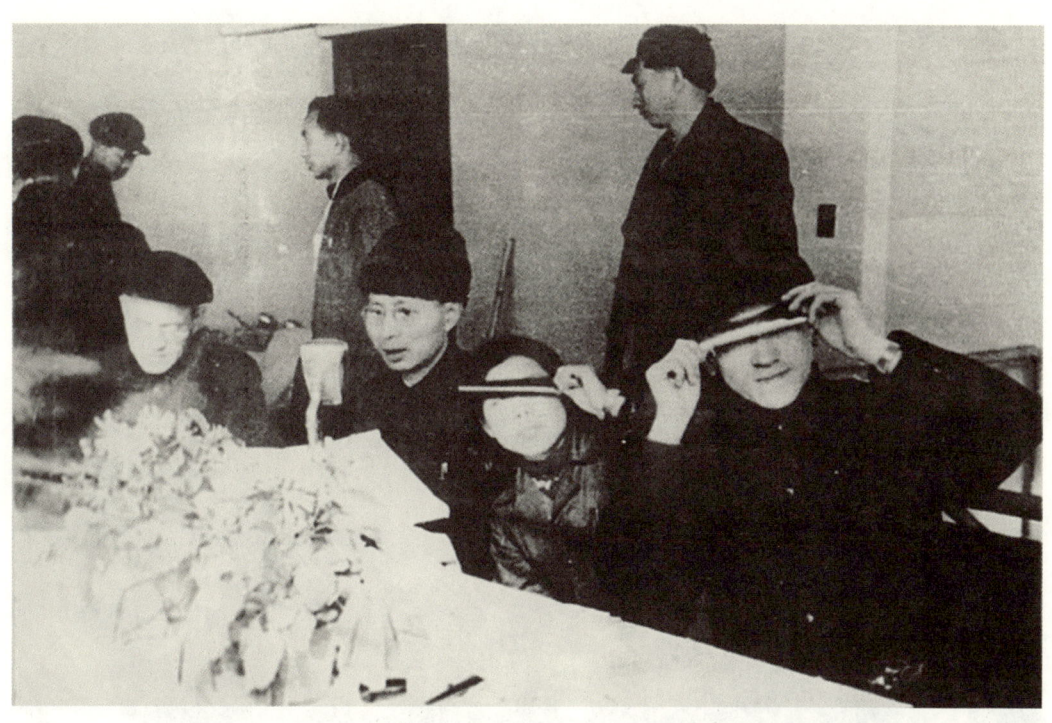

1953年2月14日，中央人民广播电台，戴文赛做日偏食现场解说。前排左1为紫金山天文台张钰哲台长
（照片提供：卞毓麟）

来自《岁月履痕——南京大学老照片（1902—1978）》（韦思聪，江苏人民出版社，2002）

3. 指导学生写毕业论文（1962年）

1962年，南京大学天文系
戴文赛指导学生写毕业论文
（照片来源：南京大学天文与空间科学学院档案室　提供者：姜冰）

4. 国际交流

1955 年访问苏联
第二排左 4 为戴文赛
（照片提供：胡中为）

1973 年戴文赛在波兰大使馆参加纪念哥白尼诞生 500 周年大会
（照片提供：胡中为）

5. 戴文赛先生手迹

以下手迹如无特别注明均为信件首页。

> 我们伟大的领袖和导师毛泽东主席离开我们一年了，但他的思想，他留下的光辉著作将永远是我国人民从事社会主义革命和社会主义建设中(在进行)的指路明灯，尤其是他在四十年前写的《实践论》、《矛盾论》及后来写的几篇哲学著作，更是我国和全世界革命人民认识世界和改造世界的强大思想武器。我是一个从旧社会来的知识分子，解放的前受的是唯心主义的教育，哲学观点是唯心主义的。解放初期读《实践论》和《矛盾论》，完全不能理解其意义，只有在以后十年中亲眼看到毛泽东思想如何在革命社会实践中，在斗争中发挥了无比巨大的威力，把一个贫穷落后、过去被称为"东亚病夫"的、在一百多年中一直是各帝国主义国家侵略、掠夺对象的旧中国，改变成为一个日益强大的社会主义国家，国际地位空前提高，只有在看到这些具体事实、有了切身的体会以后，再学习《实践论》和《矛盾论》就觉得很有收获很有体会了。十九年来我多次阅读学习这两篇伟大的哲学文献，学习了毛主席其他哲学著作，到农村里参加劳动、接受贫下中农的再教育时，抓紧时间学习马、恩、列、斯的几部经典著作，再回过来继续学习毛主席的著作，体会就更深一步，看到了毛主席是如何继承革命导师马克思、恩格斯、列宁和斯大林的思想，并把马克思列宁主义理论同我国以及世界今天的革命实践结合起来，把理论提高……

无署名
1977年（共5页）
（提供者：张明昌）

明昌同志：

你的信和好几次首诗词都收到了，你的诗词写得很好。

今天的大彗星暂定名是 1973f，三月间西德汉堡天文台 L. Kohoutek 发现，五月间亮到十一五等，七月至九月因太近太阳而不便观测。十月为晨星，在狮子座、室女座，11月4日 6.5^m，24日 3.7^m，12月14日 -1.0^m，19日 -3.1^m，24日 -6.4^m，29日 -10.0^m，过近日点，离太阳 0.14 天文单位，1月为昏星，1月3日 -6.2^m，8日 -3.4^m，13日 -1.6^m，2月（明年）2日 $+2.9^m$，22日 $+5.9^m$。一月间经人马、天鹰、宝瓶、双鱼座，二月初在金牛座。初步轨道近抛物线，$e > 0.9999$，$i ≈ 14.3°$。

上海自然辩证法杂志里的天文文章都是集体编写的，主要是上海天文台何妙福等人，复旦大物朱××、苏汝铿等人，和上海师范大学（原名华东师范大学）地理系一些人，署名都是集体笔名。他们都属于市委领导的写作组。

半个月前曾经寄一包天文材料给你，包括一份手稿《太阳的演化》，我另有一份，这份你可留下，一份我在北京会上的发言稿，还有一本《天文动态》，内有一篇关于太阳黑子起源问题的调研。

我上月底参加了省高校教师代表会议，开了六天。以后十天主要在学习十大文件。目前只在以主要工作时间进行太阳黑子起源问题的研究，一些系里没有的期刊在物理系图书室和大图书馆里都借到了，正在深入了

署名：文赛
197? 年（共2页）
（提供者：张明昌）

太阳演化的研究进展（南京大学 天文系天体物理）

（一）太阳的起源

太阳是一个恒星，所以太阳起源和恒星起源问题密切联系在一起。国外绝大多数研究者都认为恒星是由星际物质先聚成星际云，然后通过引力收缩而形成恒星。苏联以查巴魁为首的一个学派则认为恒星是由星系核抛射出的超密物质形成的。该学派最近的论述见参考文献[1]。但这个学派未讨论下述问题：如果太阳是由超密物质形成的，行星是由太阳抛射出的大块物质形成的，那么太阳系今日的结构特征和动力学特征如何说明。

最近有人认为太阳是由一个质量在50和100$m_\odot$之间的超新星爆发时抛出的气体壳的一个碎块形成的，其他碎块也形成恒星及其行星系统[2]。这个新假设在作了一些简化假设的前提下，说明了太阳系的角动量分布，行星的质量分布，水木之间有一个空隙，等等。相比奇夫的、霍意耳等则认为过去曾经有一个超新星在太阳附近的星际空间里爆发，抛出的物质是形成太阳和太阳系的物质的一部分。他们认为只有这样才能说明今天太阳、地球上面有这么多的重元素和放射性元素。

六十年代里许多研究恒星继续从观测方面和理论方面

《太阳演化的研究进展》（共16页）
（提供者：张明昌）

参加天体物理规划制订的同志们：

我们很遗憾由于在上海养病而未能参加规划制订工作。十天前我已寄了一份对黄山会上拟出的天体物理规划的意见给二局转给你们，现在又写一些一般的意见，作为我的一次缺席发言，供你们参考。意见有不正确处，请批评指正。

（一）下决心，树信心，敢于攀高峰，敢于赶超。大家都同意我国的天体物理工作同国外比起来还十分落后，差距由于林彪和"四人帮"的干扰破坏，比过去更大了。我知道我们队伍中对于赶超国外天物水平缺乏信心，尤其是在大型观测仪器和观测接收新技术方面，认为要跟上已很吃力，想赶上并超过，那更难。但想到我国天文工作建国28年来，在毛主席革命路线指引下，进展是非常大。队伍从解放时的几十人发展到今天的两千多人，很多仪器已能自己制造了。更重要的是今主形势大好，万恶的"四人帮"这个祸根挖掉了，华主席为首的党中央对科技工作的发展无比关怀。我们的工作是四个现代化伟大宏图的一部分。只要充分发挥我们这个两千多人队伍中每一个人的作用，充分发挥两个法宝的作用（一个法宝是充分发挥社会主义制度的优越性，团结协作，另一个法宝是真正地、具体地以马列主义、毛泽东思想来指导我们的科研），我们就能克服各种困难，向天体物理高峰攀登。这两个法宝是国外天文工作先进的国家所没有的，要赶超

天体物理规划制订的缺席发言
上海瑞金医院，1977年9月26日（共4页）
（提供者：张明昌）

佛兴
汝良 同志：

　　佛兴同志十一月廿一日的信，和你们两位写的星系资料共八页，已收到一个星期了。还有佛兴同志托顾继明同志送来的 Galaxies 一书也于十一天前收到了，我已读完了第一篇，本月底当把它寄还，或托人带还。（最迟）

　　这几天我已把《星系质量和角动量的分析》一文整理好了，分节完全按照英文稿的分法。删了几段，加了几段，有一段讨论我们为什么把 M_0 当作 M，用的就是你们寄来的资料。请你们对这份修改稿仔细推敲一下，文字加工。若无重要的新的修改，就抄一份（一定每个字都写清楚）交天文学报，这一期大概来不及了，可以下一期，明年将出四期。表1仔细校对一下，文献按号数排好。等审查完我再把提要译成英文。

　　美国天文代表团在上海时，我提出星系晕的问题，史瓦西说在这个问题上，东部的理论工作者（主要指 Princeton 的 Ostriker, Peeble, 等）和西部的观测工作者意见不一致。后者怀疑其存在；前者认为存在，但大小是星系本部的二倍或十倍到更正。我说我们认为"晕"是星体和星体际空间之间的一个过渡区，他们上头表示同意。我提到我们得出了 $J/M^{1/4}$ 往对于 Sa, Sb, Sc 都差不多，Sandage 重问了一下，然后说这一点很重要。我问 Burbidge 她是否同意类星体可能是 E 星系或旋巨系中心部分的早期演化阶段，她说她类星体较可能同 S 系有关，而不是同 E 系有关，并谈到了两色图。Sandage 说"类星星系"（QSG）这个词现在都不用

1977年12月1日，上海瑞金医院
戴文赛给胡佛兴、刘汝良的信（第1页）
（提供者：胡佛兴）

戴先生在 1977 年 8—9 月确诊癌症并经两次手术后，还坚持带病工作、修改论文，以及在上海与美国天文考察组进行学术交流（10 月）。此为他在同年 12 月于上海瑞金医院给南大—紫台讨论班紫台同事的信。

提要：①关于"星系质量和角动量"论文的修改，以及送天文学报事；②重点：在上海与美国天文考察组讨论的详细情况；③最近三周，做了三项检查，希望春节前后能回南京。

戴先生与美国天文考察组的讨论（要点）：

（1）美国天文考察组在上海时，和史瓦西（M. Schwarzschild）讨论了星系冕的问题等。

（2）我提到我们得出了（注：旋涡星系角动量与星系质量之比）$J/M^{7/4}$ 对 Sa、Sb、Sc（注：星系的不同次型）都差不多。阿伦·桑代奇（A. Sandage）重问了一下，然后说"这一点很重要……"

（3）与麦格里特·勃比奇（E.M. Burbidge）女士讨论了有关类星体问题。

（4）问了乔治·赫比格（G. Herbig）金牛 T 型星问题，主要为太阳系起源的研究，也谈到了陨石等问题。（注：乔治·赫比格的照片参见本书第 108 页）。

了，而是用"射电宁静类星体"。我还问Herbig关于金牛T型星的问题，主要为太阳来源研究，也谈到陨石。

我原来打算共同进行的第二项研究，希望你们进行下去，不要等我。我们三人分头进行，我回南京后，我们把各人考虑、研究的初步结果拿出来讨论，然后深入下去，争取明年天文学会开大会时（听说七八月，在上海）能拿出报告来。请佛兴同志把你从我字拿去的，我今年四月在相对论学习班报告的我们第二项工作的初步设想（约七八页稿纸）寄来给我，我结合阅读Galaxies书第三篇考虑一下。

我最近三周内做了钡餐、钡灌肠和超声波三项检查，结果是肠胃肝脾都正常，白血球在四千多和六千之间波动，已比过去高很多了。但大家仍不让我年底回去，要我再养一段，天气再冷变为较暖些的时候回去。我希望春节前后能回去。

人民教育出版社最近在上海召集了约十人开会，搞出了高校用的自然辩证法教材的提纲，并分工主写。过几天后，将在京用一个半月时间制订自然辩证法规划，将恢复学会和刊物"通信"，明年将开大会，科委什主任"分工由于光远同志抓自然辩证法和科协。希望我们研究星系演化时能更多地运用唯物辩证法。

你们可能已收到我寄的《天体的演化》书，送学台部分同志的书是托学报编辑部代分发的。星系那一部分以后还得修改补充。

下次再谈。祝

健康

戴文赛

(1977) 十二月一日

1977 年 12 月 1 日，上海瑞金医院
戴文赛给胡佛兴、刘汝良的信（第 2 页）①

① 信尾的年份，是手迹提供者以前的加注，应该为 1977 年。

背景：戴先生确诊绝症后，刚经过两次手术（1977年8—9月），仍坚持带病工作（论文修改、与美天文考察组交流等）。

此为戴先生本人介绍自己1977年10月在上海与美国天文考察组讨论情况的（包括与乔治·赫比格）珍贵历史记录。

此信有1977年美国天文考察组访问南京紫金山天文台的照片相配（本书第108页末尾照片）。

附录二　问天　天路漫漫——来自太空的启示

胡佛兴

请扫描二维码阅读全文

后　记

首先，让我们在此，对没能等到纪念文集出版而离我们远去的前辈，王绶琯院士、李竞先生、周又元院士和邹振隆先生，表示哀悼和深深的敬意！

由41篇文章组成的文集，收入了在戴先生100周年诞辰纪念会上的3篇致辞（2011年；曲钦岳、方成和苏定强）及以前纪念戴先生的3篇文章：王绶琯（纪念先生逝世20周年）、李竞（纪念先生逝世30周年）和胡中为（纪念先生100周年诞辰）。文集的特邀文章有4篇：吴鑫基（戴先生与北京大学）、卞毓麟（戴先生的"宇观"观念）、戴莹珊（回忆父亲）、张明昌（戴先生大事年表）。封面"天地境界　宇宙情怀"取自苏轼体，文集的部分照片和资料来自南京大学天文系的官宣专册。

衷心感谢来自海内外，包括南京大学、北京大学、北京师范大学、中国科技大学、澳门科技大学，南京师范大学、南京理工大学、南京炮兵学院、上海科技教育出版社以及中国科学院国家天文台、紫金山天文台、上海天文台、云南天文台和国家授时中心（原陕西天文台）等单位以及戴先生女儿等所有作者的辛勤付出和奉献。

衷心感谢南京大学天文与空间科学学院刘桂霞、黄天衣、萧耐园、黄介浩、容建湘、谢乃康、江淑英、吴伟、姜冰、郭艳和吴婧老师，中国科学院紫金山天文台木村博先生、熊大润院士、季海生、韩溥、曾琴、董明、张春生、林春梅、纪晓禾、王洪池和王敏老师，中国科学院国家天文台原台长严俊老师、前书记赵刚老师和邹振隆老师，中国科学院国家天文台南京天文光学技术研究所崔向群院士，中国科学院上海天文台叶叔华院士，中国科学院国际交流中心张彩成老师，北京大学孙凯老师，中国科学技术大学周又元院士，南开大学苏宜老师，南京师范大学李晓卿老师，华东师范大学周志宗老师，河北师范大学杨大卫老师，还有陈志凝先生、汪铭江老师，以及南京大学天文系1959级的李其德、周洪楠、温铁江、陈久金、罗时芳、许华冠、杨本有、谭德同、毛亚庆、郭盛炽、王永保、苏庆瑞和季洪钦等全体同学（恕未能一一列名），提供珍藏的照片、宝贵的资料，以及他们对文集编写的热情鼓励和支持。

　　特别的感谢给予前辈黄佑然先生、苏定强院士和方成院士，感谢他们提出编写文集的倡议，并对文集提供了关键性的指导和支持。特别的感谢还给予南京大学天文与空间科学学院领导，李向东院长和顾秋生书记，感谢他们对纪念文集的编写、出版自始至终的关心和鼎力支持。

　　编者才疏资浅，能力有限，文集不到之处，敬请诸位前辈、老师和校友不吝赐教。

胡佛兴

2021 年 3 月 20 日（春分）

修改于 2021 年 9 月 21 日（中秋）